Krönchen der Schöpfung

Reise durch das menschliche Skurrilien

Regina & Gerhard Weber

Krönchen der Schöpfung

Reise durch das menschliche Skurrilien

in Kurzgeschichten & Gedichten

Vorwort

Der Mensch die Krone der Schöpfung? Wohl eher ein Krönchen!

Machen Sie gemeinsam mit mir einen Spaziergang durch das pralle, bunte Leben mit all seinen Absurditäten, seinen Höhen und Tiefen. Tauchen Sie ein in meine kleinen, oft skurrilen Geschichten, allesamt erzählt mit einem Augenzwinkern, ironisch, bisweilen satirisch überspitzt, aber immer gespickt mit einer großen Portion Humor.

(Regina Weber)

Vermutlich lässt sich hinter meinem Dichten eher ein Installateur erahnen als ein Lyriker, doch haben diese Reimereien durchaus einen Anspruch: Spaß an der Freud.
(Gerhard Weber)

Das ist Dichters hohe Schule:
Ich hab da so meine Module,
die ich dann und wann
gezielt einsetzen kann.
Durch Reimchen hier und da verziert,
mit den Modulchen kombiniert.
Und gar ein paar Wortgirlanden,
die sich schon woanders wanden.
Fertig ist das Ding im Nu.
'Ne schöne Widmung noch dazu.
Während andere sich plagen
und an Fingernägeln nagen,
weiß ich wie's geht,
manchmal wo's steht.

I.   Homo laborans

Der Schein trügt

Ja, Merseburger war ein leuchtender Stern am Himmel der Werbebranche. Wie kaum ein anderer beherrschte er die Tricks der Verführung, war bekannt dafür, aus jeder hässlichen Ente einen makellosen, weißen Schwan, aus jedem Ladenhüter, den kein Mensch jemals vermisst hätte, ein Kultobjekt machen zu können, ein Must-have für alle. In seiner Scheinwelt war er ein König, was ihm im realen Leben zu Reichtum, Ansehen und Macht verhalf.

Sein allergrößter Coup jedoch basierte auf einer Wette.

Eines Tages kam ein potentieller, vor allen Dingen aber finanziell äußerst potenter Kunde in seine Agentur und Merseburger lief zu wahrer Höchstform auf, prahlte vollmundig: „Vertrauen Sie mir. Ich mache Ihnen selbst aus einem Kuhfladen Geld wie Heu!"

Als der Mann ungläubig aufschaute, erklärte er: „Ganz einfach. Ich packe ihn in eine edle, mit Swarovski-Steinen besetzte Dose, versehe sie, natürlich in vergoldeten Buchstaben, mit der Aufschrift <Zurück zum einfachen Leben>. Wenn ich jetzt das Produkt in den richtigen Kreisen, bei den richtigen Events platziere, die richtigen Medien darüber berichten lasse, wird's garantiert ein 200 %-iger Success. Promised!"

Genau in diesem Moment betrat die Zugehfrau das Zimmer, wollte sich beim Anblick des Chefs sofort wieder zurückziehen, wurde jedoch vom Gast daran gehindert. Er befahl ihr mit einer energischen Handbewegung, zu warten, betrachtete sie eingehend und so ungeniert, dass die arme Frau vor Scham errötete, sich unter den Blicken wand, ja zum Stück Vieh degradiert fühlte. Der Kunde aber hatte eine Idee, grinste hämisch, deutete auf sie und rief:

„Aus der da können Sie aber wohl kaum einen Goldesel machen. Ich wette um 10 Kisten Dom Perignon."

Merseburger ging auf das Spiel ein, wohl oder übel. Innerlich aber fluchte er, bestellte sie später zu sich. Was sollte er aus dieser Kreatur machen? Sie war derart unauffällig, unspektakulär, dass seine verwöhnten Augen sich ihrer Existenz stets verweigert hatten. Zugegeben, minimale Grundvoraussetzungen wie ein schlanker Körperbau und eine gute Haut waren gegeben, aber sonst?

„Wie alt bist du?" Sie war ein Nutzgegenstand, eines Sies nicht würdig.

Die Frau errötete, sah ihn an und schwieg.

„Was ist los? Hat es dir die Sprache verschlagen?"

Verlegenes Schulterzucken, mehr brachte sie beim besten Willen nicht fertig. Merseburger wurde wütend, schrie sie an. Ergebnislos!

„Sag bloß, du sprichst kein Deutsch! English? Français? Auch nicht? Papiere? Du müssen haben Papiere!"

Dieses Wort war ihr anscheinend geläufig, denn sie holte einen Ausweis aus ihrer Handtasche, den sie ihm wortlos überreichte.

„Leonor, 24, aus Portugal. Auch das noch!"

Eine Dolmetscherin wurde organisiert, die die Zugehfrau fragte, ob sie damit einverstanden wäre, in einem anderen Bereich zu arbeiten. Man würde sie zu diesem Zweck aufhübschen.

Ungläubiges Staunen, gefolgt von heftigem Kopfschütteln. Schließlich ergoss sich ein zorniger Redeschwall über Merseburger, übersetzt in etwa: Was bildet der Mann sich eigentlich ein? Ich bin eine durch und durch ehrbare Frau und werde weder als Animierdame, noch im Begleitservice und schon gar nicht als Prostituierte arbeiten. Eine Unverschämtheit!

Es dauerte eine Weile, bis sie verstand. Ja, ihre Ehre bliebe unangetastet. Man würde aus ihr eine Werbeikone machen. Ein Leben in Schönheit und Reichtum winkte. Nein, dieser Botschaft konnte Leonor nicht widerstehen. Ihr Verstand schaltete sich aus, das Misstrauen verflog. Ein Vertrag wurde unterschrieben, in dem sie alle Rechte an die

Agentur abtrat.

Sie begann zu träumen. Als sie dann aber viele Wochen später das Ergebnis all der Veränderungen an ihrem Körper besah, musste sie sich kneifen, um zu erkennen, dass dies alles keineswegs ein Traum war, sondern vollkommen der Realität entsprach. Schönheitschirurgie, Beauty-Branche und Foto-Shop hatten wirklich hervorragende Leistung erbracht.

Jetzt galt es das neue Produkt noch richtig auf den roten Teppichen der Glamourwelt zu platzieren, mussten dort Situationen geschaffen werden, die mediale Aufmerksamkeit erregten. Eine Steigerung vermeintlicher Tollpatschigkeiten, angefangen vom gebrochenen Absatz ihrer High Heels bis schließlich zum gar nicht so zufällig gerissenen Träger ihres Abendkleides, wodurch, justament im größten Blitzlichtgewitter, die neu geformte Brust entblößt wurde.

Höhepunkt einer jeden Inszenierung war jedoch, wie Leonor die Fragen der Reporter stets mit einem schamhaften Unschuldsblick schweigend quittierte. Sie mutierte zur geheimnisvollen Schönheit.

Keiner ahnte, dass sie schlicht und ergreifend keines Wortes der deutschen, französischen oder englischen Sprache mächtig war. Es entstand ein regelrechter Hype um sie.

Unter dem Namen 'Mysterious Silence' entwickelte Merseburger eine Modelinie, ein Parfum,

Kosmetikprodukte, Beauty-Yoga-Kurse, Fitness-Programme und verdiente Unsummen an seinem Geschöpf.

Ja, und dann gab es da noch dieses Buch, ein Ratgeber, der jeder Frau Verhaltensmuster zu Leonors Erfolg aufzeigte. Ein absoluter Bestseller mit ungeahnten, geradezu historischen Folgen! Die Quintessenz: Schweige und lächle und die Welt wird dir zu Füßen liegen. Ein jeder kann in dein positives Schweigen alles hineininterpretieren, was er möchte. Keine Widerrede. Kein Streit.

Da das Pendant für den Mann sich als ebenso erfolgreich erwies, legte sich eine friedliche, harmonische Stimmung auf das Land. Und über allem herrschte Stille, absolute, wundervolle Stille.

(RW)

Eitelkeit

Ich bin der Pfau
im Alltagsgrau.
Ich schlag das Rad.
Rat schlag ich aus.
Kehr Schönheit nur heraus.
Bewundert mich!
Ich bin der Pfau.
Meine Hennen sind nur grau.
(GW)

Kunst

1. Die Zugehfrau

5 Uhr. Gott, diese Müdigkeit! Wie meistens sind ihr gerade einmal vier Stunden Schlaf vergönnt gewesen. Sie fühlt sich ausgelaugt, kaputt, hat allergrößte Mühe sich auf die Anweisungen der Chefin zu konzentrieren. Ihre Gedanken schweifen immer wieder ab zu ihren Kindern. Werden sie den Wecker hören, auch das bereitgestellte Frühstück essen, ihre Pausenbrote mitnehmen, pünktlich in der Grundschule erscheinen? Sie weiß, sie verlangt ihnen sehr viel ab für ihr Alter, aber wird ihr selbst nicht auch viel zu viel abverlangt? Ihr, der alleinerziehenden Mutter?

Zwei Jobs muss sie erledigen, damit sie einigermaßen über die Runden kommen. Vormittags arbeitet sie in der Putzkolonne, direkt im Anschluss in einer Bäckerei. Kurz nach 20 Uhr hetzt sie nach Hause, kümmert sich um die Kinder, den Haushalt, um todmüde ins Bett zu fallen, selten vor Mitternacht.

Und trotzdem, es ist da, permanent da, dieses schlechte Gewissen ihrer Familie gegenüber. Sie arbeitet wie ein Tier, und was kann sie ihnen schon bieten? Zeit gewiss nicht, lediglich ein Dach über dem Kopf, Essen und Trinken. Keine Reisen, keine chice Kleidung, kein besonderes Spielzeug. Jeder Cent wird umgedreht. Gewiss, noch sind sie genügsam, verständnisvoll, beschweren sich selten. Was aber wird passieren, wenn sie in die Pubertät kommen. Werden sie von den Mitschülern gehänselt, sogar gemobbt werden? Werden sie ihr die Schuld dafür geben?

In ihre Überlegungen platzen die Worte: „Frau Müller, Frau M ü l l e r! Na endlich. Guten Morgen, werte Dame. Würden Sie die Freundlichkeit besitzen, Ihren Arsch in den Ausstellungsraum 2 zu begeben? Sehr nett von Ihnen. Und immer daran denken. Äußerste Vorsicht bei der Arbeit walten lassen. Es handelt sich um wertvolle Kunst."

Tapfer schleppt sie ihre Putzutensilien in Raum 2, blickt sich um und erschrickt. Die Wände sind kahl. Der riesige Saal jedoch ist vollgestellt mit eigenartigen Gebilden, furchtbar schwer zu putzen. Sie wird extrem auf der Hut sein müssen, um ja nicht irgendwo gegen zu stoßen. Vorsichtig wischt sie um den Sockel, auf dem eine Zeitung sowie ein Zahn liegen, entstaubt das Glaskästchen mit der Haarsträhne und dem kleinen Beil.

Was soll das? Sie schüttelt den Kopf. Ja, was soll dieses Video, in dem pausenlos zwei Personen im Wechsel aus einem Raum herausgehen, wieder hereinkommen, sich kurz setzen, erneut herausgehen und so weiter? 'Friedliche AusEinAndereSetzung' steht darunter. Nein, sie kapiert das nicht. Wenn sie Geld dafür hätte, würde ein schönes, naturgetreues Landschaftsbild oberhalb ihrer Couch hängen. Gut, über dieses riesige Hirn, aus dem ein aufgeblasener Luftballon herausragt, muss sie lachen, als sie den Titel 'Hirnfurz' liest. Aber würde sie sich so etwas kaufen, falls sie jemals über genügend Geld verfügen sollte? Nein, niemals! Derjenige, der sich solch ein Zeug in die Wohnung stellt, leidet wohl unter reichlich Hirnfürzen!

Trotz ihrer übergroßen Müdigkeit muss sie lachen. Das Lachen bleibt ihr jedoch im Hals stecken, als ihr Blick auf die ausgehängte Preisliste fällt. Allein vom Geld für den 'Hirnfurz' könnte ihre Familie einige Jahre gut leben. Sie fühlt Wut in sich hochsteigen, Wut über die schreiende Ungerechtigkeit auf der Welt. Wie hart muss sie malochen, nur um überleben zu können, während sich andere Leute problemlos solchen Dreck leisten! Oh, sie sieht in Gedanken diese Typen vor sich, wie sie, das Glas mit Champagner in der Hand, edel gewandet, kostbar beschmuckt, von Werk zu Werk wandeln und irgendwelchen Schrott von sich geben, genau solch einen Schrott wie die Kunstwerke selbst!

Fertig in zweierlei Hinsicht, überprüft sie noch einmal ihre Arbeit, will gehen, da sieht sie vor einem der Fenster eine Anzahl Fliegenfänger hängen, über und über besetzt mit Insekten. „Widerlich, einfach widerlich!", befindet sie, reißt alle vom Haken, um sie im großen Müllbeutel verschwinden zu lassen. „Gott sei Dank hab ich das Zeug noch entdeckt, hätte sonst wohl ziemlich Ärger bekommen."

2. Die Muse

Sie erwacht mit der Gewissheit, ihn heute noch zu verlassen. Ja, sie hat die Nase voll, will nicht mehr. Sie schaut ihn an, wie er laut schnarchend neben ihr liegt. Die langen, dünner werdenden Haare, die vom übermäßigen Weingenuss gerötete Nase, das blasse, aufgeschwemmte Gesicht.
Wie oft hat sie ihn mit der Frage geneckt: „Schatz, weißt du, dass es da draußen auch noch eine Welt gibt, eine Welt mit realen Menschen, mit echter Natur?" Interesseloses Schulterzucken ist stets die Antwort gewesen. Nein, er kennt nur noch vier Welten, sein Atelier zur Tageszeit, sein Atelier in der Nacht, die Kunst-Galerien, die seine Werke ausstellen und ach, einen Ort, den sie hasst, den großen Schrott- und Müllplatz, den er stundenlang nach Materialien absucht, um dann völlig verdreckt,

aber strahlend, mit irgendwelchen manchmal stinkenden Abfallprodukten nach Hause zu kommen. Wenn er ansonsten Lust auf die Außenwelt spürt, dann holt er sie sich via App in seine Wohnung. Hierhin kommt sein Manager, hierhin werden seine Kunst-Utensilien geliefert wie auch sein Essen, die Weine.

Früher ist er mit ihr nachts durch die Restaurants und Kneipen gezogen, haben sie sich mit Freunden getroffen, schöne Reisen nach Italien gemacht. Damals malte er noch richtig. Oh, wie konnte sie ihn mit diesem Satz stets provozieren! Sie lacht, weiß, wie sehr er den Ausdruck hasst, kennt seine zornigen Monologe über dieses Thema. Was ist Kunst, richtige Kunst, falsche Kunst? Inzwischen malt er überhaupt nicht mehr, nennt sich Great V, V für Visionist, gestaltet Kunst aus Müll und – eine Tatsache, die sie überhaupt nicht nachvollziehen kann – verdient damit sogar viel Geld.

Wieder schaut sie auf ihn, hört in sich hinein. Gibt es da in ihr noch Liebe für diesen Mann? Nein, sie spürt nur ein gewisses Maß an Vertrautheit, sonst nichts. Dick ist er geworden in den letzten 10 Jahren, bisweilen auch ungepflegt. Sie schmunzelt. Verändert die Arbeit mit Abfällen eventuell den Menschen? Ist er mittlerweile zum Müllmann mutiert?

Sie schüttelt den Kopf, kann die Faszination nicht mehr nachvollziehen, die dieser Bohemien mit seinen stets weißen Anzügen, den geliebten breitkrempigen Hüten auf sie ausgeübt hatte. Ein interessanter, außergewöhnlicher Mann mit viel Esprit. Heute langweilt er sie meistens nur noch.

Sie steht auf, betrachtet sich im Spiegel. Gott, wie hat er einst diese Frau, diesen Körper begehrt! Sie allein sollte seine Muse sein, ihn inspirieren zu ganz großer Kunst, seinem Pinsel Flügel verleihen, so hat er sich ausgedrückt. Mit Widerwillen denkt sie an zwei Werke der letzten Zeit. Ein Rad durch dessen Speichen von innen nach außen ein Babystrampler, Minirock, Hochzeitskleid, eine Kittelschürze mit Lockenwicklern und schließlich eine schwarze Robe geflochten wurden. Das Rad der Zeit. Und schließlich diese verhassten 13 Fliegenfänger mit den geleimten Stunden- und Minutenzeigern einer Uhr, an denen zu seiner Freude immer mehr Insekten kleben blieben. Und das sollte Kunst sein? Wer um alles in der Welt soll solchen Schwachsinn kaufen? Muss Kunst nicht gefallen, die Seele erwärmen, ins Wohnzimmer passen? Immer wieder sprach sie diesen Gebilden entschieden jeglichen künstlerischen Wert ab und immer wieder entfachte ihre Bemerkung einen riesigen Streit zwischen ihnen.

Sie überlegt. Was sieht er inzwischen in ihr? Inspiriert sie ihn mittlerweile nur noch zu Dreck. Sollte sie vielleicht inzwischen selbst Dreck für ihn sein? Angewidert schüttelt sie den Kopf. Ihr

Entschluss steht fest. Sie wird ihn verlassen, augenblicklich verlassen. Kein Tag länger mit diesem Kerl. Die Muse is no longer amused.

Er schläft tief und fest, schnarcht, wird vor 12 Uhr nicht erwachen. Genug Zeit ihre Sachen zu packen. Sie legt den Schlüssel auf den großen Arbeitstisch, wirft noch einen letzten Blick auf das Atelier, will gehen. Plötzlich huscht ein verschmitztes Lächeln über ihr Gesicht. Sie läuft zum künstlerisch ja so wertvollen Müllberg, fischt einen ramponierten, angespitzten Holzpflock heraus, schreibt das Wort 'Abpfahl' auf einen Zettel, legt ihn dazu. Als Nächstes malt sie mit einem dicken Pinsel in bunten Farben TSNUK auf eine blütenweiße Leinwand, gibt dem Werk den Namen 'Verdrehte Kunst' und signiert es. Als Krönung ihrer schöpferischen Phase stellt sie den täuschend echten Plastik-Hundehaufen auf einen Skizzenblock, fügt die Buchstaben AB davor und kritzelt 'Abschiet' darunter.

Die Muse strahlt, ist nun very much amused.

3. Der Künstler

Great V erwacht, fühlt sich überhaupt nicht great, sondern hundeelend, hat wohl zu viel getrunken letzte Nacht. Sein Kopf! Diese Schmerzen! Er

leidet, jammert. Eine Spezialität von ihm, bisher
aber immer von Erfolg gekrönt, denn Lydia war
stets augenblicklich zur Stelle, um ihm Trost zu
spenden. Heute aber bleibt sie ihm fern.

„Lydia", gequält. „Lydiaaa", energisch fordernd.
Keine Antwort. Fluchend wälzt er sich aus dem
Bett, sucht seine Hausschuhe, seinen
Morgenmantel, normalerweise von ihr
bereitgestellt, sucht sie vergeblich.

„Lydia, verdammt. Einmal braucht man dich und du
bist nicht da." Die Wut verleiht ihm ungeahnte
Kräfte, die ihn in die Küche eilen lassen. „Verflucht
Weib, wo ..." Er hält inne, denn das, was er sieht,
macht ihn sprachlos. Oder besser das, was er nicht
sieht. Kein gedeckter Tisch, kein Kaffeeduft.
Absolut nichts zum Essen und Trinken. Faules
Miststück, sie weiß doch ganz genau, dass er ohne
ein solides Frühstück zu großen Visionen nicht
fähig ist. Soll er sich jetzt etwa sein Brot selber
schmieren? Wie entwürdigend bourgeois! Er ist
Künstler, kein Hausmann!

Frierend muss er feststellen, dass die Frau auch
keine Garderobe für ihn hingelegt hat. „LYDIA!".
Keine Lydia antwortet, kann auch nicht antworten,
weil fort. Voll Widerwillen begibt er sich zum
begehbaren Kleiderschrank, ein ihm fremder Ort,
seines Blickes nicht würdig. Er schäumt vor Wut,
reißt Schubladen und Türen auf, braucht unendlich
viel Zeit, um eine komplette Garderobe für sich

zusammenzustellen. Zeit, die gerade heute so knapp bemessen ist.

Auf der Suche nach den Schuhen fällt sein Blick auf das 'Abschietsarrangement' seiner Muse, was ihm wahre Zornesröte ins Gesicht treibt. Keine Sekunde erkennt er die feine Ironie in ihren Kreationen, hat nur Fußtritte für sie übrig. Was bildet sich dieses Weib ein? Will sie ihn verarschen, ihn und seine Kunst? Und überhaupt, wie kann sie es wagen, ihn, Great V, zu verlassen? Keine Frau verlässt ihn und schon gar nicht an diesem Tag, am Tag seiner großen Werkschau!

Mit Kopfschmerzen, leerem Magen und gekränkter Eitelkeit stürmt er zur Galerie, um dort die korrekte Aufstellung seiner Werke zu überprüfen. Das 'Rad der Zeit' war seiner Zeit wohl vorausgeeilt, stand schon im nächsten Raum, ansonsten schien alles seine Richtigkeit zu haben. Er geht zu seiner Installation 'Ober- und unter Haus', die ein Regierungsgebäude zeigt, aus dessen Boden lauter kleine Plastik-Scheißhaufen quellen, wohingegen aus dem Schornstein heiße Luft entweicht, erzeugt durch einen kleinen, unsichtbar befestigten Föhn.

Der Föhn funktioniert.

Gut, wenigstens hier scheint alles seine Richtigkeit zu haben. Aber nein, er stutzt, schaut zum großen Fenster und erstarrt. Da, wo normalerweise sein 'Zeitfänger' hängen soll, befindet sich lediglich der Haken in der Decke. Vergeblich sucht er in den anderen Räumen, um dann voller Verzweiflung den Galeriebesitzer herbeizuzitieren. Und dieser Mann ist nun wirklich nicht zu beneiden, muss er doch die ganze Wut, Verzweiflung, die schrecklichsten Vorwürfe des Künstlers, die sich wie ein Tsunami über ihn ergießen, ertragen. Das Meisterwerk bleibt verschollen, gestohlen. Die Polizei muss her.

Ohne lange Erklärungen, die Zeit bis zur Eröffnung der Vernissage ist knapp, zeigt Great V den Beamten ein Foto. Während der eine Polizist nur kurz „eklig" murmelt, versucht der andere das Problem zu erfassen, bemüht seine Sprache sogar auf Kunstniveau. „Das ist zugegebenermaßen für das ästhetische Empfinden von Künstlern und Museumsbesuchern kein schöner Anblick und eine ziemlich altmodische Art, Fliegen von Kunstwerken fern zu halten. Aber bitte, wo ist das Problem?"

V's Gesicht errötet noch mehr vor Wut. „Ja, bin ich denn von einer Welt aus Idioten umgeben? Das ist keine Art, Fliegen von Kunstwerken fern zu halten – das ist!!! das Kunstwerk!"

Erschrocken und sichtlich bemüht seinen Fehler wieder auszubügeln, betrachtet der Beamte das Bild genauer. „Wie ich sehe, kleben auf einem der 13 Fliegenfänger keine Insekten, sondern zwei verschieden lange schwarze Striche."

„Schwarze Striche!" V glaubt sich verhört zu haben. „Mann, das sind keine Striche, sondern die Zeiger einer Uhr!"

„Ah, eine Uhr." Der Polizist gibt sich alle Mühe, nicht zu lachen. „Sie verdeutlichen damit also, dass für die toten Fliegen die Zeit stehengeblieben oder abgelaufen ist. Oder vielleicht wollen Sie symbolisieren: Tier sowohl als auch Mensch sollen nicht an der Zeit kleben."

„Mensch, begreifen Sie denn nicht? Hier geht es nicht um die Interpretation meines Werkes, sondern allein um dessen Raub."

„Ja, aber, wer könnte es denn wagen, etwas derart Schönes mutwillig zu rauben?"

Great V, die Ironie überhörend, poltert augenblicklich los: „Mann, Unmengen an Kunstkennern sind scharf darauf. Es handelt sich um ein Werk von unermesslichem, künstlerischen Wert."

„Wie wäre es denn, wenn Sie einfach 13 neue Fliegenfänger aufhängen? Nach kurzer Zeit sind die doch wieder voll mit toten Insekten. Und dann noch die zwei Pappzeiger ran, fertig."

Das ist nun entschieden zu viel für den Meister. Er explodiert vor Entrüstung, schreit etwas von Einmaligkeit und ist nur mit allergrößter Mühe zu besänftigen, besonders durch den Hinweis des Galeristen, der 'Zeitfänger' sei hoch versichert.

Die ersten Besucher der Vernissage treffen ein. Und, für ihn wenig verwunderlich – er weiß schließlich um seine Qualitäten, seine Einzigartigkeit – wird der Abend selbst ohne sein bedeutendstes Werk ein voller Erfolg.

Der nächste Vormittag gerät jedoch für ihn zur Katastrophe und dies aus vielerlei Gründen. Zum einen weckt ihn mitten in der Nacht um 11 Uhr vormittags brutal das Telefon. Zweitens muss er selbst den Hörer abnehmen, denn, drittens, Muse Lydia hat ihn in nicht nachvollziehbarer Unkenntnis seiner Werte tatsächlich verlassen. Viertens verzweifelt er an der Ignoranz und Verblödung der Menschheit, als er vom Anrufer, dem Galeristen, erfährt, dass eine Putzfrau dieses einmalige Werk der Kunstgeschichte als Müll vernichtet hat. Und schließlich, als Krönung seines Ungemachs, meldet der Mann, um Entschuldigung bittend, der 'Zeitfänger' sei versehentlich nicht in die Liste der Kunstgegenstände aufgenommen worden. Leider könne die Versicherung aus diesem Grund nicht für den Schaden aufkommen.

Und dann sind da noch diese unverschämten Worte des Polizisten, die die ganze Zeit durch seinen Kopf geistern, leise gemurmelt zum Kollegen, dennoch von ihm gehört: „Eigentlich müsste der Künstler zu den Fliegenfängern noch einen Idiotenfänger hängen, an dem alle Leute kleben bleiben, die dieses Werk für Kunst halten."

Nein, die Welt scheint seiner nicht würdig!

4. Die Fliege

Nun bin ich der Menschheit letztendlich doch auf den Leim gegangen. Dabei fühlte ich mich stets meinen Artgenossen weit überlegen, wähnte ein Denker-Hirn mein Eigen. Manchmal schämte ich mich richtig angesichts der Blödheit anderer Fliegen. Was müssen die Menschen wohl für einen Eindruck von uns haben, wenn wir pausenlos mit unseren Köpfen im Schnellflug an Scheiben knallen?! Nein, solch ein Verhalten ist mir stets fremd gewesen. Immer wählte ich den eleganten und schmerzfreien Weg durch ein offen stehendes Fenster, wahrscheinlich die Ursache meiner geistigen Überlegenheit. Und dennoch, hier und jetzt muss auch ich die eigene Dummheit eingestehen, ganz offiziell und für jedermann sichtbar.

Dabei wünschte ich doch nur etwas von dem wunderbar duftenden Käsebrot zu naschen, das eine der Putzfrauen hatte liegen lassen. Und ja, es schmeckte köstlich, verführte mich mehr davon zu essen als nötig. Der entscheidende Fehler? Führt ein voller Bauch eventuell zu einer Trägheit des Geistes? Verändert er die Flugbahn dermaßen stark? Egal, ich konnte einfach diesem langen, gelben Gebilde, das vor dem Fenster hing, nicht mehr ausweichen. Was für ein gruseliger Ort! Überall in

29

meiner Umgebung sehe ich tote Artgenossen. Ein Fliegen-Friedhof! Und jetzt klebe auch ich hier fest, kann mich nicht bewegen, nur denken. Immerhin denken!

Ich denke, also bin ich. Noch bin ich! Meine Gedanken wandern zu Flievia, meiner Traumfrau. Keine hat so zarte Flügelchen, so lange Beine, so wunderschöne, große Augen. Ja, und diese Augen begehrten nur mich. Verständlich, schließlich zähle ich mich nicht zur Gattung der 'Gemeinen Stubenfliege'. Nein, ich nenne mich stets Musca domestica.

Mein Gott, was hatten wir für Pläne, wollten heute heiraten, viele Kinder zeugen, uns die Treue halten bis in alle Ewigkeit. Das ganze Leben lag doch noch vor uns. Mindestens zwei Wochen! Und ich hatte uns ein ganz besonderes Zuhause ausgewählt, eines, das meinem Niveau durchaus entspricht: eine Kunstgalerie.

Ich fühle mich elend, kann mich nicht mehr bewegen. Was für ein würdeloses Ende! Mein Blick fällt auf die Ausstellungsstücke. Und da, da ist plötzlich dieser letzte Gedanke, diese trostbringende Idee. Ist dieses Gebilde, an dem ich zapple, vielleicht auch ein Kunstwerk? Ja, ich sterbe. Okay. Aber nicht als dumme, gewöhnliche Fliege! Nein, ich selbst bin Kunst!!!

(RW)

Kunstflug

Was war denn das?
Oh, welche Not!
Ich glaub, ich häng
am doofen Fliegentod!
Ein paar Tag hatt' ich doch nur,
musste ich denn derart enden?

Aber halt, wo bin ich denn?
Ach, ist dies hier etwa Kunst?
und ich hab es jetzt verhunzt?
Nö! Ich werd davon ein Teil!
Bin selbst nun Kunst, indes derweil
andere namenlos verenden.
(GW)

Politikers Utopia

Gellendes Pfeifkonzert. Von allen Seiten werden ihm Schilder entgegengestreckt mit Aufschriften wie 'Keine Flugzeuge über Birtenbach!' 'Der Himmel gehört uns!' oder 'Messlach, du Mörder von Birtenbach!' Die Menge ist aufgebracht, wütend. Ein rohes Ei trifft ihn, beschmutzt seinen teuren Mantel. Es kostet ihn große Anstrengung die Ruhe zu bewahren, aber er demonstriert Gelassenheit, Souveränität, quält sich gar zu einem Lächeln. Auch diese Irren werden noch Vernunft annehmen, da ist er sich sicher.

Der Bürgermeister bahnt sich einen Weg durch die Meute, atmet erleichtert auf, als er die große, bis auf den letzten Platz gefüllte Allzweckhalle betritt. Hier ist die Stimmung anders, die Blicke der Bürger weniger hasserfüllt, bisweilen skeptisch, aber allesamt erwartungsvoll. Einige applaudieren sogar. Messlach weiß, das Rednerpult ist seine Welt, weiß um seine großartige rhetorische Begabung, weiß, am Ende seines Vortrags wird er alle überzeugt haben. Und diese Zuversicht packt er in seine Stimme.

„Liebe Bürgerinnen und Bürger von Birtenbach. Ich danke für Ihr zahlreiches Erscheinen und, ich prophezeie es Ihnen, Sie werden dies nicht bereuen, werden dabei sein, wenn heute für unsere schöne Heimat Geschichte geschrieben wird. Hören Sie meine Vision einer goldenen Zukunft dieses Ortes an und Sie werden den Ausbau des Flughafens zu einem europäischen Knotenpunkt herbeisehnen. Jawohl, herbeisehnen! Gut, ich sehe einige von Ihnen die Köpfe schütteln, aber warten Sie bitte ab.

Sie alle kennen die gravierenden Probleme in unserem Städtchen: hohe Arbeitslosigkeit, fehlende Perspektiven, was die Jugend von hier forttreibt, starke Überalterung, Schließung von Arztpraxen und Schulen und so weiter. ICH will nicht, dass Birtenbach stirbt. ICH will den Wandel und deshalb haben Sie mich gewählt.

Sicher, ich gebe ja zu, alle zwei Minuten ein Flugzeug nur wenige Meter über unseren Köpfen klingt zunächst nicht nach Paradies. Aber genau diese Flugzeuge werden uns positiv verändern. Positiv! Sie haben sich nicht verhört!

Führen Sie sich doch mal den typischen Birtenbacher vor Augen. Wie läuft er herum? Exakt! Seine Körperhaltung spiegelt die Mutlosigkeit förmlich wider. Alles an ihm drückt es aus: Es geht abwärts. Mundwinkel, abwärts, Schultern, abwärts, Kopf? – Genau, Sie sagen es: abwärts. Was aber macht ein Mensch, wenn er ein Flugzeug über sich hört? Nun, er schaut nach oben, gen Himmel. Mundwinkel, Schultern und Kopf gehen nach? – Richtige Antwort! Sie richten sich aufwärts! Optimismus statt Pessimismus ist angesagt in Birtenbach!"

Einige Pfiffe und Buhrufe sind zu vernehmen, die den Bürgermeister in seiner Euphorie jedoch nicht zu stören scheinen.

„Liebe Birtenbacher, auch unseren Bauern wird geholfen und dies in zweierlei Hinsicht, werden doch die gut gefüllten Toilettentanks der Flieger genau über ihren Feldern entleert. Kostenlose Düngung! Weil die Fluggesellschaften sich dadurch eine Menge Geld sparen, landet dieses auch noch in den Taschen der Landbesitzer. Was wollen Sie mehr?

Natürlich wird es laut werden. Und, was kann man dagegen tun? Richtig, Ohropax in die Ohren und davon werden wir viel benötigen, so viel, dass …

Na? Genau! Ich habe bereits die Zusicherung der Firma, dass sie hier ein Werk aufmachen wird. Jobs, liebe BürgerInnen, Jobs!

Jemand rief vorhin Schallschutzfenster. Na klar, und davon satt, was viele Glasereien anlocken wird. Weitere Menschen werden Arbeit finden. Nein, keine Bange. Kosten kommen für den Ausbau nicht auf Sie zu. Das bezahlt der Staat. Und, halten Sie sich fest, ich habe viele Millionen als Lärmentschädigung ausgehandelt. Bauen Sie sich Wintergärten oder, wenn Sie Ihre Gärten nicht mehr nutzen können, überdachen Sie sie einfach. Kein

Mensch braucht wegen des Lärms sein Haus verkaufen und der Wert Ihrer Häuser wird nicht mehr wie bisher ins Bodenlose sinken, sondern steigen, enorm steigen, denn ich habe zusammen mit dem renommierten Architekturbüro Wagner & Partner einen kühnen Plan entwickelt, einen in der Welt einzigartigen Plan, der uns allen Wohlstand und der Gemeinde eine rosige Zukunft bringen wird."

Gekonnt hält er inne, blickt in erwartungsvolle Gesichter. Einige Zuhörer klatschen.

„Wir werden für Schallschutz und eventuelle Umsiedlungen dermaßen viel Geld vom Staat bekommen, dass wir den g a n z großen Wurf planen können. Meine Idee: Warum unser schönes Städtchen verlassen, unsere geliebte Heimat? Warum statt Schallschutz für einzelne Häuser nicht Schallschutz für die gesamte Stadt? Ja, lasst uns ganz Birtenbach verglasen! Ein riesiges Glasdach über der gesamten Stadt! Gut, Sie lachen jetzt, aber werfen Sie vor einer endgültigen Ablehnung erst einmal einen Blick auf die Pläne. Ich sage Ihnen, es lohnt sich.

Wie oft klagen wir über die harten, langen Winter, die verregneten Sommer, die launischen Winde. Ein sanftes, ausgeglichenes Klima das gesamte Jahr lang! Ist das nichts? Keine hohen Heizkosten in den kalten Monaten, keine wetterbedingten Krankheiten, kein Absterben der Natur, stattdessen blühende Rosen im tiefsten Januar, stets voll besetzte Straßencafes. Selbstverständlich voll besetzt, denn wir werden einmalig sein, so einmalig, dass ganze Touristenscharen unser Birtenbach besuchen, die Hotels und Restaurants boomen, die Souvenirhändler und Geschäftsbesitzer sich die Hände reiben werden. Kein Weg-, sondern Zuzug in unser Städtchen. Vollbeschäftigung!

Was für eine herrliche Perspektive! Denken Sie darüber in Ruhe nach. Auch falls Ihnen mein Plan momentan als zu tollkühn erscheinen mag, so rechne ich doch mit Ihrer breiten Unterstützung, wenn in vier Wochen abgestimmt wird. Ich danke Ihnen. Und Kopf hoch! Auch die Mundwinkel und Schultern! Birtenbach wird leben. Und wie!"

Er starrt in ungläubige, staunende Gesichter. Schweigen. Dann der erste zögerliche Beifall, aus dem nach wenigen Minuten ein Orkan der Begeisterung wird. Der Bürgermeister weiß, er hat gewonnen.

(RW)

Kann Pfründe Sünde sein?

Nie ganz vorn, doch stets dabei,
macht ich Karrier in der Partei.
Auch durch manch Intrig und List
kein Konkurrent geblieben ist.
Nun durch Mandatsüberhang
ich ans Mitregieren kam.
Wahlvolk mir den Posten schuf.
Macht Mandat flugs zum Beruf.
Nicht in der Regierung Spitze,
aber in Ausschüssen sitze.
Kaum Kompetenz ist da gefragt,
wenn man an runden Tischen tagt.
Auch schwebte mir schon immer vor,
ein Posten im Wirtschaftsressort.
Ich denke, da kann ich mit vielen
Wirtschaftsbossen heimlich dealen.
Spät'rer Pension gar hilfreich täten
Sitze in ein paar Aufsichtsräten.
Mit meinem Vorteil stets im Soll,
was kümmert mich des Volkes Wohl!
Volkes Wahl hat's mir gegeben
und dabei belass ich's eben.
(GW)

Der Sternekoch

Ja, dies soll sein Tag werden. Da ist er sich absolut
sicher. Dieser Tag wird sein Leben verändern,
positiv verändern, und dies in zweierlei Hinsicht.
Breit grinsend -- das vor Zuversicht strotzende
Grinsen des Siegers -- mit stolz geschwellter Brust
steht Brehm vor seinem Restaurant, nein, Fehler,
nicht Restaurant, sondern Gourmet-Tempel! Das
'Brehmium' hat sich in den letzten 20 Jahren zu
einem Mekka der wohlbetuchten Feinschmecker
der Region gemausert. 20 Jahre voll harter Arbeit
und Entbehrungen. Bald aber wird er die Ernte
einfahren!
Zufrieden betrachtet er sich im Spiegel des Entrees.
Weiß Gott, ein toller Hecht, ein Filetstück innerhalb
der Männerwelt. Weder dünner Spargel, noch
dicker Kloß. Und die Biskuitrolle, die sich im Laufe
der Zeit um seine Körpermitte gelegt hat, hält sich
auch einigermaßen in Grenzen. Er besitzt noch
genügend Manngold, steht voll im Saft.
Elena! Brehm braucht nur an sie denken und schon
befindet er sich im Strudel heißester Gefühle, wird
scharf wie Chilisauce. Brüste, prall wie Melonen,
ein Po, der ihn stets an eine coco de mer erinnert,
die Frucht der Kokospalmen auf den Seychellen.

Trotz dieses Formenreichtums, ist sie zierlich. Wenn er die Kuhle zwischen ihren Beckenknochen betrachtet, möchte er augenblicklich dort einen Teig anrühren. Elena, seine Champagnercreme-Schnitte, seine Götterspeise! Ein Geschöpf, geboren um vernascht zu werden, vernascht von ihm.

Brehm hat sie vor einem Jahr für die Patisserie eingestellt. Es gab durchaus mehrere Bewerber, Bewerber mit besseren Zeugnissen, jedoch, er ist ihr sofort verfallen, ihr und ihren eigenwilligen Kreationen. Es hat durchaus lange gedauert, bis er seine Karotte, seinen Kosakenzipfel, wie sie es nannte, an ihrer Aprikose reiben durfte, sie seine Geliebte geworden ist. Elena war eine hart zu knackende Nuss, ließ sich nicht so schnell weichkochen, nannte ihn anfangs despektierlich alten Wackelpudding oder Rollmops, was ihn zum Abspecken veranlasste.

Wenn er an seine Frau denkt, so empfindet er nichts, allenfalls Mitleid. Maria. Keine 50 Jahre alt und dennoch eine alte Frikadelle, vertrocknet und rund. Nein, eher birnenförmig, nur das Gesicht ähnelt einem Pfannkuchen. Mit der Zeit ist sie aufgegangen wie ein Hefekloß. Schnittlauchhaare, teigiger, blasser Teint, die Kleidung stets altbacken. Wahrhaftig nicht das Gelbe vom Ei!

Dagegen Elena, gleichsam Champagner. Die Perlage frisch, spritzig und langanhaltend. Am Gaumen unvergleichlich feminin, sanft. Der

Abgang überaus gelungen durch eine einmalige Zartheit.

Und Maria? Gewöhnliches Leitungswasser, extrem unaromatisch, langweilig, mit fadem, leider wenig prickelndem Beigeschmack.

Sicher, Brehm hat seiner Frau sehr viel zu verdanken, dessen ist er sich durchaus bewusst. Er, zwar ein begnadeter Koch, aber mit wenig Grütze im Kopf, hätte ohne ihre Disziplin, ohne ihre unternehmerischen Fähigkeiten schon längst alles vergurkt. Jedoch, ihre zwanghafte Art, zu allem ihren Senf zugeben zu müssen, ihre pedantische Erbsenzählerei, ihr griesgrämiger Charakter gehen ihm gewaltig auf die Eier.

Dieses Jahr wird er 55 werden, ein Zeitpunkt, endlich die Löffel aus der Hand zu geben, das 'Brehmium' zu verkaufen, um sich den süßen Seiten des Lebens zuzuwenden. Und zwar mit Elena! Heute Nacht wird er sie in seine Pläne einweihen. Maria soll dahin gehen, wo der Pfeffer wächst, aber ohne Blutvergießen. Er mag keine Bloody Mary. Brehm wünscht endlich Klarheit, eine friedliche Scheidung. Natürlich, wird er an das Eingemachte gehen müssen. Allerdings haben sie in den letzten Jahrzehnten abgesahnt, viel Rahm abgeschöpft. Es wird genug bleiben, um seinen letzten Lebensabschnitt als ein leckeres Dessert zu gestalten. Ja, und der heutige Tag könnte den Wert seines Restaurants noch einmal enorm steigern.

Der Herausgeber der Zeitschrift 'Sterneküche', ein guter Freund, hat es anlässlich eines im Vollrausch endenden Arbeitsessens erfahren, hat ihm den Tipp vom anstehenden Besuch des Kritikers gegeben. Oh, Brehm ist vorbereitet, sich seiner Sterne sicher, hat sein Team zu Höchstleistungen angespornt, selbst mit Hand angelegt, alles gewienert, gebohnert, sämtlichen Räumen Glanz verliehen, den Abstand der Tische überprüft, stilvoll eingedeckt, ist um 5 Uhr aufgestanden, selbst zur Großmarkthalle gefahren, um die Frische und Qualität der Zutaten zu gewährleisten. Ja, der Mann kann kommen.

Das 'Brehmium' ist wie immer gut gefüllt, sodass er kaum Zeit findet, die einzelnen Gäste zu goutieren. Und dennoch, ein Besucher fällt ihm auf, ein Herr an einem Einzeltisch, dezent, aber teuer gekleidet. Lange hat er die Speisekarte studiert, sich schließlich für mehrere exquisite Speisen entschieden, begleitet von exzellenten Weinen. Ein Kenner! Brehm kümmert sich selbst um die Zubereitung des ersten und zweiten Ganges. Wie immer befragt er seine Gäste, ob alles zu ihrer Zufriedenheit ausgefallen ist. Bei diesem Besucher jedoch sülzt und schmalzt er ausgiebiger, mariniert seine Worte in Wohlwollen. Er aalt sich in seinem Glück, als der Mann das Fenchelcarpaccio mit Dorade, noch mehr jedoch den Kabeljau im Macadamia-Mantel lobt. Obwohl stets ein Teil des

Essens auf den Tellern zurückbleibt, jedem Bissen wird ausgiebig nachgespürt. Hier handelt es sich zweifelsfrei um den Restaurantkritiker. Nichts kann mehr schiefgehen.

Ganz bewusst schickt Brehm sein Sahnestück Elena, dem Mann die Champagner-Trüffel-Creme zu servieren. Beide schmecken einfach unwiderstehlich. Siegessicher beobachtet er das Gesicht des Mannes und ... erstarrt, denn dieses Gesicht zeigt nicht etwa ein freudvolles Strahlen, sondern verzerrt sich zu einer Grimasse. In Panik eilt er sofort hinzu, muss ein zorniges 'Ungenießbar!' vernehmen, probiert selbst, nur um festzustellen, die Creme ist total versalzen. Brehm findet kaum Worte, hat einen Kloß im Hals, bittet stammelnd einen Ersatz servieren zu dürfen. Umsonst! Der Gast zahlt und verlässt unwiederbringlich den Ort.

Jetzt hat er den Salat. Kochend vor Wut stürmt er in die Küche, hat kein Hühnchen mit dieser Schlampe zu rupfen, sondern einen stattlichen Truthahn. In diesem Moment könnte er aus Elena Hackfleisch machen, sie durch den Fleischwolf drehen, sie auf den Grillspieß packen, sie flambieren, ihr eins überbraten. Die Frau spürt seinen Zorn, steht bleich und zitternd vor ihm, entschuldigt sich wieder und wieder, betont, sie habe alles korrekt gemacht. Seine Stimmung aber bleibt eisig, ja er schreit sie an, nennt sie dumme Gans, die all seine Pläne versalzen hat. Elena weint nun hemmungslos, ihr Make-up zerrinnt ebenso wie seine Liebe zu ihr. Mitleidlos betrachtet er dieses Häufchen Elend. Hatte er Tomaten auf den Augen? Wie konnte er nur für diese Frau einen solchen Cocktail wildester Gefühle hegen? Brehm kündigt ihr fristlos.

Im Hintergrund beobachtet Maria zufrieden diese Szene. Ihr Mann gehört wieder ihr allein. Sie wird ihn trösten, wird aber nicht erzählen, dass die Restaurantkritikerin vom anderen Einzeltisch zufrieden das 'Brehmium' verlassen hat – vorerst nicht erzählen. Und natürlich wird sie auch mit keinem Wort erwähnen, dass sie selbst, ganz entgegen ihrer sonstigen Gewohnheit, bei der Zubereitung der Champagner-Trüffel-Creme in einem unbemerkten Moment eine Prise mitgeholfen hat.

(RW)

Trendy Koch

Einst kam aus dem Welschenland
Trend, nouvelle cuisine genannt.
Die Portionen waren klein.
Für manchen war's Tellerdesign.
Ich sprang auf des Trendes flow,
erkocht drei toques von Gault Millau.
Die Klientel, was man so nennt,
war erlesen und potent.
Bald überlebt sich die Geschichte.
Nun gab's international Gerichte.
Doch diese Küche, wie ich fand,
mit viel Aufwand sich verband.
Molekular und Paleo
vermied ich deshalb ebenso.
Da stellt' sich ein des Geistes Blitz:
Ich bekoch den Ökokiez!
Hier schwimm ich im Trend der Frauen,
die auf viel Prinzipien schauen.

Und so koch ich nun fortan
Veggi-Gerichte und vegan.
Nie hätt ich mir vorgestellt
wie vielgestaltet diese Welt,
erfinde dies, probiere das,
hab am Kombinieren meinen Spaß.
Was nicht verschwiegen werden soll:
Mein Lokal ist rappelvoll.
Bin jeden Tag gut ausgebucht.
Ein Plätzchen man vergeblich sucht.
Und solang der Trend anhält
scheffle ich das große Geld.
Trotz dieser Zufriedenheit
für Neues bin ich schon bereit.
Was es auch sein wird, einerlei.
Mit Sicherheit bin ich dabei.
(GW)

Vom Leben der Küchenkräuter

Peter siliert.
Ian tymiert
und Pep eroniert.

Es lauchen Knob und Schnitt.
Dill stöckelt lieb an Is
und Ros gibt sich marin.

Gesalbtes Ei,
erlauchter Bär
salutiern vor Major An.

Raute nicht weinen.
Dem Auge sei Trost:
auch Wach wird older!
(RW)

Die Bezwingung der Thuja-Nordwand

„Ist ja gut. Wenn das unbedingt notwendig ist, dann mache ich das eben."

Ja, das Schicksal spielt ihm böse mit. Immer hat sie sich um die Hecke gekümmert, in diesem Jahr jedoch ist ihr dies krankheitsbedingt nicht möglich. Sechs Koniferen dürfen die gesetzlich vorgeschriebenen zwei Meter Höhe nicht überschreiten, so hat sie es bei der Pflanzung dem Nachbarn versprochen.

Sie mag diesen Sichtschutz, der ihr den Blick auf die nachbarliche Idylle mit zahlreichen Zwergen-Familien samt tönernem Rehkitz erspart, liebt die in Farbe und Form unterschiedlichen Bäume, schnitt jeden von ihnen individuell verschieden mit der großen Gartenschere.

Sie wartet, eine Woche vergeht, ohne dass ihr Mann ihre Bitte erfüllt, eine Woche ideal zum Schneiden der Hecke, angenehme Temperaturen, bewölkt, kein Regen. Dann am heißesten Tag des Jahres schreitet er zur Tat. Will er ihr ein echtes Opfer darbringen? Masochismus war bisher nicht sein Ding. Aber er hat Großes vor, wie sie an der Wahl der Leiter unschwer erkennen kann. Nicht die kleine, die sie stets benutzt hat, nein, die bis auf 6 m Höhe ausfahrbare muss es sein. Die Kabeltrommel wird aus dem Keller geholt samt elektrischer Heckenschere.

„Ich schneide jetzt diese Hecke hier!", hört sie ihn rufen. Jeder soll Bescheid wissen, welche Heldentat erfolgen wird. Der Nachbar eilt herbei, bedauert den Mann zutiefst. „Ausgerechnet bei der größten Hitze. Sie Armer!"

„Nun, Sie kennen ja die Ungeduld der Frauen!"

Lautes männliches Lachen. Schließlich wird gefachsimpelt über die Höhe der Leiter, den richtigen Anstellwinkel beim Schneiden, die Qualitäten der unterschiedlichen elektrischen Schnittwerkzeuge. Schließlich muss an vieles gedacht, alles gut überlegt werden. Sie bringt den Männern schon einmal ein Bier zur Stärkung.

Aber dann, der Tatendrang lässt sich nicht länger zügeln. Mann besteigt die Leiter, wirft einen Blick in die Umgebung – ja, jeder kann ihn sehen – und wirft mit elegantem Schwung die Heckenschere an. Dieser scheint es zu heiß zu sein, denn sie widersetzt sich laut quietschend der Arbeit.

„Sie müssen sie säubern und gut einölen."

Mann ist empört. „Hält der mich für einen Idioten?"

Er ist schließlich kein Anfänger, jegliche Belehrung überflüssig! Fluchend verzieht er sich in den Keller, taucht nach einer Stunde siegesgewiss auf, begibt sich in schwindelerregende Höhen, beginnt mit der Arbeit. Nach weiteren fünf Minuten quietscht die

Heckenschere erneut. Nicht vor Vergnügen. Nein, vor Schmerz! Sie meistert die unterschiedliche Aststärke der Koniferen nicht, verwehrt sogar ganz den Dienst. Etwas schwach auf der Brust!

„Soll ich dir die große Gartenschere holen? Ist vielleicht einfacher!" Frau erntet einen wütenden Blick und er verschwindet erneut im Keller.

Der Nachbar erscheint mit seiner Säge, groß, schwer, mächtige Potenz ausstrahlend, mit einer Lautstärke, die der Dezibelzahl eines startenden Flugzeuges gleich kommt. „Cooler sound!" Glückliche Männeraugen!

Diesem Wunder der Technik muss sich auch die stärkste Hecke beugen. Nach 10 Minuten hat sie jegliche Individualität eingebüßt, an manchen Stellen auch die grüne Farbe, zeigt dort ihr braunes Innenleben. Die einstmals bunten Blumenbeete zu Füßen der Koniferen sind von dem enormen Arbeitswillen des Mannes tief beeindruckt, mehr noch von Leiter und Schuhen. Ja, er ist stolz auf sich, hat alles erledigt, beginnt aufzuräumen.

„Und die andere Seite, die zum Nachbarn hin? Wann schneidest du die?"

Verständnisloser Blick. „In dem schmalen Streifen zwischen Zaun und Hecke kann ich wohl kaum die Leiter ausfahren und die Arbeit mit der elektrischen Schere ist unmöglich. Das darfst du dann machen, wenn du wieder fit bist. Ist keine große Angelegenheit." (RW)

II. Homo familiae

Der Brief

Zaghaft öffnet Mutter die Tür zum Kinderzimmer, Hoffnung, das zarte Pflänzchen im Herzen, Hoffnung, ihr Sohn habe ihre inständigen Bitten vielleicht erhört. Doch, sie liebt ihn heiß und innig, ist stolz auf ihn, wenn da nur dieser ewige Streit um die Ordnung in seinem Reich nicht wäre, ein Streit, der vor drei Tagen eskalierte.

Wie so viele Tage zuvor hat sie ihm ihr so geniales System mit den verschieden farbigen, großen Kisten erklärt, ihm deutlich gemacht, wie schön es sich in einem aufgeräumten Raum leben lässt, an seine Vernunft appelliert, an seinen Ordnungssinn. Da es an beidem, zumindest diesen Punkt betreffend, ihrem Kind mangelt, ist sie nicht sonderlich überrascht gewesen, als sich eine Stunde später das Chaos in keinster Weise gelichtet hat. Sie ist wütend geworden, hat gedroht, wegen seiner verständnislosen Miene mit eskalierendem Strafmaß gedroht. Vergeblich! Oh, wie sind ihr diese Debatten stets verhasst! In ihrer Not hat sie ihm verkündet, diesen Ort in Zukunft zu meiden, ihm die Kleidung vor die Tür gelegt und ihn für die Schularbeiten in die Küche beordert. Sollte er doch in seinem Chaos ersticken!

Klar, dass sie diesen Vorsatz nicht lange einhalten kann, und so setzt sie vorsichtig einen Fuß in den Raum, spürt augenblicklich den Schmerz, als sich das Schwert eines Playmobil-Ritters unsanft in ihre Sohle bohrt. Sie erstarrt. Der gesamte Boden ist übersät mit Sachen ihres Sohnes. Welche Farbe hat eigentlich der Teppich? Nicht feststellbar. Wohin treten? Versehentlich stößt sie an das große Laserschwert, das augenblicklich zu blinken und zu heulen anfängt, sie ebenso erschreckt wie die riesige Gummi-Vogelspinne. Nur mit Mühe kann Mutter sich senkrecht halten, als sie auf einem silbernen Porsche ausrutscht.

Mitten im Zimmer liefern sich Piraten eine wilde Schlacht um eine große Schatztruhe. Merkwürdig, denn sie ist leer, der Schatz in der Umgebung verteilt. Mehrere Schiffe sind im Einsatz, aber auch die tapferen Star-Wars-Krieger dürfen mitkämpfen. Selbst die so geliebten Dinosaurier sind im Einsatz, der Lauf der Geschichte auf den Kopf gestellt. In einer Ecke befinden sich die Überreste der einstmals ach so stolzen Ritterburg, zerstört während einer besonders heftigen Auseinandersetzung zwischen Rittern und Drachen. Pure Verzweiflung überfraut Mutter, als ihr Blick auf den Schreibtisch fällt, am dem ihr Sohn mittels Fingerfarben und Glibberschaum seiner Kreativität allzu freien Lauf gelassen hat.

Mit Tränen in den Augen sinkt sie auf das Bett und

die darunterliegende Badeente, die das zum Quietschen findet. Wie gut hatten es doch frühere Generationen von Müttern, die lediglich mit Holzbausteinen, Teddybären und Puppen kämpfen mussten! Heute aber ersticken die Kinder im Spielzeug. Auch ihre eigene Schuld, sie weiß es. Sie sieht sich gezwungen die Sachen reduzieren, Teile in den Keller schaffen. Aber welche? Erneut wird es zu heftigen Auseinandersetzungen mit ihrem Kind kommen.

Ganz langsam reift ein letzter Plan in ihr. Sie geht in ihr Büro, beginnt einen Brief zu schreiben:

Lieber Daniel,

einstmals war ich so schön, hatte mich allein für dich herausgeputzt, damit du dich wohlfühlen solltest. Wie hatte ich mich auf dich gefreut, geglaubt, wir beide würden eine wunderbare Zeit miteinander haben. Hast du gesehen, wie ich gestrahlt habe, als du das erste Mal zu mir gekommen bist? Ich wollte dein Freund sein, mit dir spielen und lachen.

Inzwischen ist mir das Lachen vergangen. Ich leide, weil du mich tagein tagaus quälst, mich verunstaltest, mit Spielzeug übersäst, mich beschmierst und verkommen lässt. Wie hässlich ich geworden bin, was dir anscheinend vollkommen egal zu sein scheint. Ja du, ich leide, bin zutiefst unglücklich und kann mich noch nicht einmal dagegen wehren!

Bitte, lieber Daniel, hilf mir und mach mich wieder hübsch und froh. Übrigens hat deine Mutter mir versprochen, dich in diesem Bemühen zu unterstützen, denn sie leidet ebenso wie ich. Kann ich auf deine Hilfe zählen?

Dein ehemaliger Freund, dein Zimmer
(RW)

Fremdbestimmt

Man lernt
in bestimmter Schule
zu bestimmter Zeit
von bestimmten Lehrern
nach bestimmtem Lehrplan
bestimmte Sachen,
die man (oft) bestimmt nicht braucht.
Das macht Schülern Spaß.
Bestimmt!
(RW)

Pubertiere

„Müssen wir da wirklich mit?"
Oh, wie wurde gemault, das eigene harte Schicksal
bejammert. Wochenlang, seit Vater glücklich
lächelnd verkündet hatte, man werde Opas 80-
igsten Geburtstag in einem ehemaligen Kloster
feiern.
„Verdammt. Konnte Opa denn nicht an einem
anderen Tag geboren werden? Ihr wisst ganz
genau, dass am 15. Juni One Direction in der
Rockhalle spielen. Wenn ich die nicht sehen kann,
dann ...“
„Dann wirst du bestimmt nicht sterben.“
Herzzerreißendes Weinen ließ Vater an der
Richtigkeit seiner Bemerkung zweifeln. Er versucht
es mit Argumenten.
„Opa wird nur einmal 80, während die Jungs
nächstes Jahr bestimmt wieder auf Tour gehen
werden. Sei nicht traurig, Kind.“
Wahrhaftig kein tröstender Gedanke, nein,
Weltuntergangsstimmung bei der 14-Jährigen!
„Und nennt mich nicht immer Kind. Ich bin kein
Kind mehr. Kapiert das doch endlich!“ Flucht auf
ihr Zimmer mit Schmollmund, demonstrativem
Türknallen, Essensverweigerung.

„Aber am 16. sind wir wieder da! Oliver hat mich zu seiner Fete eingeladen."

Die nächste Katastrophe war vorprogrammiert, denn Vater hatte für drei Tage gebucht und somit auch die Zukunft der zweiten Tochter zerstört, die nun die große Liebe ihres Lebens an Lea verlieren würde. Klar, dass die blöde Kuh ihn sich dann krallen wird. Nein, dieser Jubeltag stand unter keinem guten Stern. Zumindest war der Hungerstreik bis zum Abendessen beendet.

Voller Euphorie zeigte die Mutter die Hotelbeschreibung im Internet. Ein ehemaliges Benediktiner-Kloster, aufwendig renoviert. Luxus pur. 5 Sterne. Hochkarätige Küche. Wunderbarer Wellnessbereich. Ein Ort der Besinnlichkeit und stillen Einkehr in einsamer Natur. Nun, besonders Letzteres brachte die Töchter nicht zum Jubeln, auch nicht der Kräutergarten oder die Möglichkeit zu schönen Spaziergängen und Radtouren in idyllischer Natur.

Schon die Hinfahrt wurde zum wahren Vergnügen. Die beiden Mädchen saßen apathisch, schicksalsergeben im Auto, beschrieben pausenlos via Smartphone der befreundeten Trauergemeinde ihren Weg ins Unglück. Fuck, ein ehemaliges Kloster. Wie peinlich! Und die Freunde kommentierten voll Häme.

Mutter versucht ein Ablenkungsmanöver. „Schaut doch mal, die wunderschöne Landschaft. Oder sollen wir sie filmen und euch als App hochladen?" Blöde Landschaft. Sie wollten One Direction und Oliver. Das berühmte 5 Sterne Hotel wurde keines Blickes gewürdigt. In ihrem Zimmer warfen sie sich auf ihre Betten, holten ihre Smartphones heraus und – erstarrten. Nein! Absolute Katastrophe! Kein Netzempfang!

Einem Nervenzusammenbruch nahe irrten sie durch das Hotel, rannten auf den Vorplatz. Vergeblich! Nein, dieser Ort sei ganz bewusst Internet-frei gehalten worden, teilte man ihnen an der Rezeption mit. Das Schicksal hatte sich endgültig gegen sie verschworen. Ihr Leben schien verspielt. Hilflos waren die Mädchen der realen Welt ausgeliefert, jeglicher Zutritt zum so wichtigen virtuellen Kosmos, zu den Freunden blieb verwehrt. Den Rest des Tages verbrachten sie, von Weinkrämpfen geschüttelt, in ihrem Zimmer.

Derart bleich und verheult erschienen die beiden am nächsten Tag zum Frühstück, dass sich Vater ihrer erbarmte und versprach, mit ihnen in die nächste internetfähige Ortschaft zu fahren, was die allgemeine Stimmung etwas hob. Fassungslos aber mussten die Erwachsenen mit ansehen, wie die Hände der Mädchen pausenlos agierten. Reflexartig wischten sie über alle flachen Gegenstände, wischten über das tote Handy, die Servietten im Restaurant, das Toastbrot, die Kopfkissen. Schließlich handelte Großvater. Er schnitt sich eine

dicke Scheibe vom Käse ab, strich mehrfach mit der Hand darüber, hielt sie an sein Ohr und verkündete laut: „Nur Käse im Smartphone!" Der Geburtstag war gerettet.
(RW)

Naturerscheinung

Mist, hier bin ich aus der Welt
Ganz allein auf mich gestellt.
Weiß nicht, was die anderen machen,
Muss später liken tausend Sachen,
Kann nicht posten nun mein Essen.
Und mein Selfie? Kann's vergessen.
Die Welt weiß gar nicht, wo ich bin.
Was mach ich bloß? Wo kann ich hin?
Bin ganz allein in der Natur!
Was mach ich nur? Was mach ich nur?
(GW)

Muttertag

Der zweite Sonntag im Mai. Muttertag. Wehmütig schaue ich in meinen sonnigen Garten, inhaliere noch einmal die herrliche Ruhe, die Ruhe vor dem Sturm. Ja, sie werden wieder alle kommen, trotz meiner Bitte, diesen Tag einfach zu übergehen. Ich weiß doch zu genau, wie auch sie weit lieber etwas anderes unternommen hätten, sehe förmlich ihre mürrischen Gesichter beim Aufbruch.

Bitte kein Missverständnis. Wir mögen uns sehr, besuchen uns oft gegenseitig, aber immer freiwillig. Nun gut, unterwerfen wir uns also wieder wie jedes Jahr dem allgemeinen Zwang und kurbeln die Wirtschaft an. Auch Floristen müssen leben!

Da, die ersten Gäste kommen. Natürlich Lisa, pünktlich und zuverlässig wie stets. Im Gepäck Mann, die zwei Mädchen, Blumensträuße und – Oh Graus! – die mit Alufolie abgedeckte Kuchenplatte. Natürlich, der Frankfurter Kranz, selbstgebacken, mit Unmengen an Buttercreme versehen und durch gelierte, extrem aromatisierte Kirschen gekrönt. Seit Jahren bitte ich darum, keinen Kuchen mitzubringen. Vergeblich.

Freudestrahlend, mit erwartungsvollem Blick lächelt sie mich an. „Den magst du doch immer so gerne. Ich hoffe, er wird dir schmecken." Und ich dumme Nuss, erfülle die Erwartungen, bedanke mich artig, obwohl ich Buttercreme und Maraschinokirschen hasse! Die etwas pummelig geratene 7-Jährige teilt diese Abneigung nicht und stibitzt klammheimlich die Kirschen. Sehr zu meiner Freude, weniger zu der meiner Tochter, die ihr Kunstwerk entstellt sieht. Strafpredigt. Das erste Kind weint.

Es klingelt. Sohn Andreas mit Ehefrau und den zwei Söhnen, 10 und 8 gar nicht mehr so süße Jahre alt. Jenny überreicht wie jedes Jahr einen riesigen Flieder-Strauß, für den ich im Vorfeld eine eigene große Vase gekauft habe, obwohl ich ihn morgen in den Garten befördern werde, da ich von dem starken Duft immer Kopfschmerzen bekomme. „Oh, wie schön, Jenny. Und dieser herrliche Duft." Ich weiß, was sich gehört.

Genau dies wissen die Knaben jedoch nicht. Es ist ihnen bekannt, wie leicht das eine Cousinchen weint, nennen sie „Fettkloß" und haben vollen Erfolg. Die Eltern versuchen zu schlichten, schicken die Jungen in den Garten, was mich sofort mit Sorge erfüllt. Und richtig. Wie herrlich kann man doch mit den blauen Keramikkugeln Boule spielen. Als Zielobjekt wird ein wunderschöner, tönerner Ziervogel umfunktioniert und in der Mitte des Rasens platziert. Ich will protestieren, werde aber durch den Redefluss meines gerade hereinkommenden Sohnes Benny aufgehalten, höre nur im Hintergrund das fröhliche Lachen der Knäblein und schließlich das fürchterliche Krachen des sterbenden Vogels.

Heute bin ich richtig erleichtert, dass Benny keine Kinder hat, dafür Jahr um Jahr eine andere Lebensgefährtin. Beim Anblick der Neuen weiß ich sogleich, sie wird nicht die Letzte sein. Eine schöne Verpackung kann ein leeres Hirn nicht auf Dauer vergessen lassen.

Alle nehmen Platz, würdigen den Frankfurter Kranz trotz fehlender Kirschen. Enkel Jonathan überprüft dessen Standfestigkeit, indem er seinen vom kreativen Boulespiel verdreckten Finger hineinbohrt. Die Stimmung ist prächtig. Alle lachen gequält, weil sieben Erwachsene plus vier quengelnde Kinder auf so engem Raum zwangsläufig problematisch sind, auch wenn sie sich normalerweise prächtig verstehen.

Schließlich wird das ältere der beiden Mädchen sichtbar gegen ihren Willen von Jenny in die Mitte des Wohnzimmers geschoben, um, Höhepunkt in jedem Jahr, ein Gedicht vorzutragen.

„Liebe Mamis, liebe Omi, für euch ein Gedicht."

Die Jungen kichern laut, das Kind wird rot und zutiefst von mir bedauert, beginnt aber tapfer seinen Vortrag, frei jeglicher Betonung.

„Schön, dass du geboren bist.

(Ja, finde ich auch. Wo wäret ihr alle ohne mich?)

Wir haben dich schon schwer vermisst.
(Ehrlich? Ihr seid doch zweimal pro Woche bei mir.)
Dies ist heut ein schöner Tag,
(Gelogen!)
den du sicherlich gern magst.
(reimt sich nicht)
Ich wünsche ..."

Weiter kommt sie nicht, auch das Blockflötensolo der zweiten Enkelin bleibt uns erspart, denn in diesem Moment springt Benny auf: „Mein Gott, wir haben Winny im Auto, hatten keine Ahnung, dass das heute so lange dauert, wollten ihm die vielen Leute, vor allem die kreischenden Bälger ersparen." Mit diesen Worten rennt er hinaus. Also, Ehrlichkeit kann man ihm nicht gerade absprechen.

Wer ist Winny? Allgemeines Rätselraten. Schließlich öffnet sich die Tür und ein schwarzes Fellknäuel springt ins Zimmer. Gar nicht ängstlich. Im Gegenteil, wild, verspielt und äußerst lautstark. Ein Briard, wenige Monate alt und dennoch schon ziemlich groß. Ausgewachsen wird dieser Hund das halbe Wohnzimmer füllen. Die Kinder quietschen laut vor Freude, Winny antwortet, alle Erwachsenen kommentieren das Tier. Ich fliehe vor dem Lärm in meine Küche, atme lange und tief durch. Plötzlich wird es ruhiger und ich sehe, Kinder samt Hund durch meine frisch bepflanzten Beete jagen. Was für ein Spaß!

Nach einer weiteren Stunde ist der Spuk endlich beendet. Ich bin wieder allein, stehe inmitten eines Chaos' von dreckigem Geschirr und Kuchenresten, erspare mir den Anblick meines heute früh noch so schönen Gartens. Ich könnte heulen. Und dann dieser Gestank! Nein, das ist nicht der Flieder! Ich ahne Schlimmes. Und tatsächlich. Meine Nase führt mich zu meinem Schreibtisch, unter dem ich eine riesige Pfütze auf und wahrscheinlich auch unter dem Parkettboden entdecke. Winny!
Ich fluche. Doch, ja, ich liebe meine Familie, jedoch nicht, wenn sie alle zusammen wie ein Unwetter meine Seele und mein Haus verwüsten. Nie, niemals mehr, werde ich an diesem Tag zu Hause sein. Gut, den Vorsatz habe ich stets gefasst, aber nächstes Jahr werde ich verreisen. Ganz bestimmt!
(RW)

Muttertag

Jedes Jahr die nämlich Plag,
im Mai ist wieder Muttertag.
Und so lenk ich meine Schritte
in des großen Baumarkts Mitte.
Aber ja, da hinten links
finde ich bestimmt das Dings.
Da, welch eine Gelegenheit,
diesmal gibt's 'ne Seltenheit.
Ich zieh aus dem Regal geschwinde
Maschinenschraube, Linksgewinde.
Mutter dies sehr passend fand.
Sie stammte ja aus Engeland.
(GW)

Trübsinns Heirat

Ein Wohnzimmer irgendwo in Deutschland. Eine Symphonie in Braun. Die massige Regalwand samt Fernseher erschlägt den kleinen Raum und die schwere Couchgarnitur hilft dabei kräftig mit. An der Wand röhrt ein Hirsch, der Vogel der Uhr kuckuckt. Zierdeckchen und Zierpuppen verdienen ihren Namen nicht. Der Teppich plüscht, die Vorhänge rüschen, sperren das Sonnenlicht aus. Auf der Couch das alte Ehepaar, nebeneinander sitzend und doch meilenweit voneinander entfernt. Nein, sie haben sich nichts mehr zu sagen. Alles wurde schon x-mal erzählt. Die Monotonie, der Alltag – in diesem Fall passt das Wort grau – haben ihre Liebe erstickt. Selbst Sympathie ist nicht vorhanden, Zärtlichkeit schon lange nicht mehr. Der Andere gehört zum Inventar, ist zum Möbelstück mutiert.
Die beiden wähnen sich allein. Ein Trugschluss! Zwischen ihnen sitzt stets der Trübsinn. Ja, und dieser fasst heute einen Entschluss. „Ich muss etwas an meinem Leben ändern, kann so nicht weiter existieren, werde sonst noch trübsinnig."
Zum ersten Mal stiehlt er sich davon, taucht ein in die Außenwelt. Zunächst lässt ihn die Vielfalt der Eindrücke taumeln. Das helle Licht, all die Farben,

die Lautstärke der Straße, das Gewimmel der Personen verwirren ihn. Schon denkt er an Flucht. Und dann plötzlich hört er sie, hört sie aus all dem Krach heraus, sieht sie und weiß genau, diese eine muss er haben. Sie wird ihn, aber auch das Ehepaar, von ihrer Schwermut erlösen.

Das Lachen ist eine Schönheit, klug und voller Empathie, niemals boshaft. Auch nicht zu verwechseln mit ihrer Halbschwester, dem Kichern. Ja, und, welch ein Wunder, sie verliebt sich in ihn, ausgerechnet in ihn. Klar, der Trübsinn ist ein stattlicher Mann, elegant schwarz gewandet, bekannt für seine Treue. Vielleicht ist sie seinem melancholischen Blick erlegen, vielleicht handelt sie aus Mitleid, hat ein Helfersyndrom, möchte ihn retten. Wir werden es nicht erfahren.

Sie heiraten. Lachen zieht ein in das Wohnzimmer und beginnt augenblicklich ihr Werk. Sie schiebt die nach unten hängenden Mundwinkel der Bewohner nach oben, zaubert Leben in die fast erloschenen Augen, lässt sie in dem Anderen erneut den Partner sehen. Wenn sie den Mund öffnet und sich artikuliert, dann ist dies so ansteckend, dass die drei sofort in ihr Lachen einstimmen und sogar Hirsch und Kuckuck es ihnen gleich tun. Immer häufiger lädt sie Gäste ein wie die Zärtlichkeit mit Ehemann Humor oder die Liebe, die den Amor mitbringt. Kurzum, dies ist zwar kein Freudenhaus, aber ein Haus der Freude geworden. (RW)

Liebestod ?

Da sitzen sie, schaun sich nicht an
und sehen doch wie vor Jahren
die Liebe sie durchs Leben trug.

Niemals hat es aufgehört,
dies Gefühl, das sie betört.
Es blieb bei ihnen all die Jahre.

Jetzt, wo sie gen End des Lebens,
sucht Gleichgültigkeit vergebens
ihre Gefühle zu verwischen.

So sitzen sie, schaun sich nicht an
und sehen doch, wie noch in Jahren
die Liebe sie durchs Leben trägt.
(GW)

Liebestod !

Haben wir uns geliebt jemals,
so wie wir jetzt leben?
Es musste doch was geben,
das uns bewegte? Damals.

Manchmal, wenn ich dich betrachte
insgeheim, wenn du's nicht spürst,
seh ich uns wie frisch verliebt,
wie du blicktest, wie ich lachte.

Von Gefühlen fortgetragen,
nur noch leben, keine Fragen,
riss es uns in helle Zukunft.

Jetzt am End, wo keine mehr,
die Liebe tot ohn Wiederkehr,
ist kein Gefühl, nur noch Vernunft.
(GW)

Rendezvous

Diese verdammte Einsamkeit! Nein, mit ihr kommt
er einfach nicht klar. Seine Frau fehlt ihm so sehr.
Nach ihrem Tod suchte er den Schmerz, die Leere
durch ein Maximum an Arbeit zu betäuben. Seit
seiner Verrentung aber wächst diese Sehnsucht nach
Ansprache, nach einem Partner mehr und mehr.
Im Übrigen schätzt Herr Maier sein gut
durchstrukturiertes Leben, empfindet es nicht als
monoton, trotz der sich stets gleichenden Tage, die
er immer um 6 Uhr mit einer 15-minütigen
Gymnastik am offenen Fenster einleitet, gefolgt von
Duschen und Rasur. Anzug, akkurat gebügeltes
Hemd, Krawatte sind ein Muss selbst in heißesten
Zeiten.
Exakt um 7 Uhr erwirbt er beim Bäcker fünf
Mehrkornbrötchen möglichst ohne Kümmel, wie er
regelmäßig betont und damit die Verkäuferin
ebenso regelmäßig zur Weißglut bringt. Beim
Türken kauft er eine Banane und beim Metzger ein
Paar Wiener Würstchen sowie vier Scheiben
Geflügelwurst. So ist er es gewohnt. Veränderungen
sind ihm verhasst.
Seinen Haushalt hält er penibel sauber. Montag und
Freitag wird Staub gesaugt und gewischt, Dienstag

und Samstag werden Bad und Toilette, am Mittwoch die Küche, am Donnerstag das Schlafzimmer geputzt und am Sonntag wartet die schmutzige Wäsche auf ihn. Egal, ob notwendig oder nicht, dieser Wochenplan wird strikt befolgt. Herr Maier ist es so gewohnt. Veränderungen sind ihm verhasst.

11:30 Uhr Mittagessen, tagein, tagaus. Die Nachmittage gehören dann ganz seinen Hobbys, den geliebten Blumen und Briefmarken, der Münzsammlung, seinen vielen Büchern über Astrophysik und Orchideenzucht, den diffizilen Kreuzworträtseln. Und in dieser Zeit handelt er bisweilen ganz gegen seine Natur, macht etwas völlig Absurdes: Herr Maier beschäftigt sich spontan! mal mit dem einen, dann wieder mit dem anderen Hobby.

Die Abende dagegen sind wieder streng reglementiert. Mittwochs und sonntags findet man ihn in seinem Stammrestaurant, immer in Gesellschaft von Jägerschnitzel und Bier. Montag, Dienstag und Donnerstag sucht er sich Fernsehsendungen mit den Themen Politik, Natur oder Reisen aus, Reisen deshalb, weil er sie so nicht selbst antreten, seinen gewohnten Alltag nicht unterbrechen muss. Freitags trifft er sich mit einem ehemaligen Arbeitskollegen zum Schachspiel, trinkt exakt zwei Biere, tauscht Informationen über die Firma aus und geht wie üblich um 22 Uhr in sein

Bett. Alles wie gewohnt. Er hasst Veränderungen.

Eigentlich ist Herr Maier zufrieden mit seinem Leben. In letzter Zeit jedoch redet er immer häufiger mit sich selbst, sogar mit seinen Orchideen, passt die Nachbarn ab, um wenigstens ein paar belanglose Worte zu wechseln. Dabei ist ihm leeres Geschwätz zutiefst verpönt. Jedoch ihm ist klar, er braucht einen Gesprächspartner.

Mehrere Wochen lang grübelt er, ziert sich und gibt schließlich doch ein Inserat in der Zeitung auf, ein unverbindlicher Versuch. Zwei Tage hat er an dem anspruchsvollen Text gebastelt:

Mann, 66, Witwer, einsam, sucht für Dienstag-Abende GesprächspartnerIn.

Entgegen seiner stillen Hoffnung melden sich tatsächlich fünf Personen, wobei ihm eine besonders zusagt. Mathilde, 60, verwitwet, Hausfrau, gute Köchin, schüchtern, nicht sehr redselig, Blumenliebhaberin. Nach langem Zögern ruft er an, hört eine sympathische, leise Stimme. Kein Plappermaul. Man verabredet sich für den kommenden Dienstag 19 Uhr bei Roberto, Tisch Nummer 5.

Klar, Herr Maier ist pünktlich, verlässlich. Ganz im Gegensatz dazu, Mathilde. Je länger sie ihn warten lässt, desto mehr verflucht er seinen Entschluss. Allmählich füllt sich das Restaurant, alle Plätze sind besetzt. Es ist laut und heiß. Nein, er fühlt sich nicht wohl, ist fast erleichtert, dass sie auch nach

74

einer weiteren halben Stunde nicht erscheint, bezahlt sein Bier, um zu fliehen.

In diesem Moment öffnet sich die Tür. Herein schwebt eine imposante Pfauin, buntgeputzt, diamantenblitzend, leicht ordinär. Alles an ihr schreit nach Beachtung, ihre Kleidung, ihre Stimme: „Ciao, Roberto – Schatzi. Come stai?" Bussi links, Bussi rechts. Und alles an ihr wogt, wogt – er erstarrt – in seine Richtung, der große Busen wogt wie das Meer, macht ihn seekrank. Was sie an Jugend verloren, hat sie an Gewicht dazu gewonnen.

„Du musst der Mayer sein", trötet sie und lässt sich auf den Platz ihm gegenüber fallen. „Mein Gott, dich habe ich mir anders vorgestellt! Du bist ja so unscheinbar wie die Lüneburger Heide!" Lautes Gelächter. „Jetzt schau nicht so entsetzt. Zeig mir deine Zähne. Lach! Das Leben ist viel zu kurz um Trübsal zu blasen. Freue dich, dass ich nur eine Stunde zu spät gekommen bin. – Roberto-Schatz, wir wollen bestellen."

Und sie bestellt, ihren Rundungen entsprechend üppig, plappert ununterbrochen und verschiebt dabei Besteck, Servietten, Blumenschmuck und Kerze, was ihn immer wieder zum Handeln zwingt. Er stellt die alte Ordnung wieder her.

„Was hältst du von unserem Projekt?"

Am liebsten würde er sagen „Gar nichts", ist aber höflich und fragt zaghaft: „Immer dienstags, ja?"

75

Verblüfft schaut sie ihn an. „Was heißt nur dienstags? Ich werde dich öfter brauchen. Du kannst die Hitze nicht nur einmal pro Woche entfachen. Am Frauentag hast du frei, ok? Was schaust du so sauer? Hast du Essig getrunken?" Schallendes Gelächter. „Übrigens, ich hatte an einen Tag mit leichter Bekleidung gedacht, falls sich jemand geniert, die anderen Tage nackt. Nach dem Essen gehen wir zu mir, ich zeig dir dann alles, was du willst."

Er ist zutiefst verwirrt. Nein, so etwas will er nicht, macht einen Einwand gelten „Ich muss aber um 22 Uhr zu Hause sein. Das ist immer meine Zeit, schlafen zu gehen."

Sie lacht, hält diese Aussage für einen Witz, übergeht sie. „Dann lass uns doch einmal über das Geld reden. Wie viel ist dir unser Projekt denn wert?"

Jetzt reicht es ihm endgültig. An wen ist er geraten? Eine Prostituierte? Hastig wirft Maier einen Geldschein auf den Tisch, stürmt aus dem Lokal, hört nicht ihre Frage „Herr Mayer, haben Sie denn kein Interesse an dem Saunabetrieb?", sieht auch nicht die Frau, die vor dem Restaurant geduldig auf jemanden zu warten scheint. Mathilde, 60, verwitwet, Hausfrau, gute Köchin, schüchtern, nicht sehr redselig, Blumenliebhaberin. (RW)

III. Homo loquens
oder die Inkontinenz der Worte

Heiße Luft

Wort um Wort, alles raus.
Seltsam wirrer Wörterstrauß.
Hirngezucke, Ohrensaus.
Verstand steht drauß'.
Mit ohne Wissen.
Was? Kirschkernkissen?
Reden, reden, weiter immer.
Denken, Ruhen, nimmer, nimmer.
Wörterwurm, die Schere schnappt:
Sinn gekappt!
Luftgebraus.
Atem aus.
(GW)

Verbales Gewitter

„Herrlich!" Der alte Mann genießt, genießt die Ruhe hier im Park zu dieser frühen Stunde. Weder schreiende Kinder noch kläffende Hunde in Sicht. Auch keine schnatternden Nordic-Walking-Gruppen, die durch ihren rhythmischen Stockeinsatz sowohl Wege als auch sein Gehör quälen. Nein, einfach Stille! Nur ab und an ein Jogger, konzentriert auf seine Fitness-App, durch Kopfhörer abgekapselt von der Außenwelt.
Er streckt seine Glieder, atmet tief die wärmenden Strahlen der Sonne ein. Angenehm, so früh. Die Schwüle der letzten Tage hat ihm doch allzu sehr zugesetzt. Ein Blick auf den Himmel macht aber deutlich, er wird nicht lange auf dieser Bank sitzen können. „Schade, das sieht nach Gewitter aus." Jedoch sein Glück soll schon früher beendet werden.
Kaum hat er die Frau gesehen, da schwant ihm Böses. Und seine Ahnung bestätigt sich. Alle anderen Parkbänke sind unbesetzt, Madame aber lässt sich ausgerechnet neben ihm nieder. Redebedarf, er weiß es. Eine Frau mit dezentem, zeitlosem Charme. Den Ausdruck hat er kürzlich einmal gehört und sich amüsiert. Was für eine nette

Umschreibung von Unauffälligkeit! Dunkelblauer Hosenanzug – die Bügelfalte verdient den Ausdruck – blütenweiße Hemdbluse, dermaßen gestärkt, dass sie auch ohne Inhalt die Konturen behalten würde. Flache Schuhe, die jedermann zurufen: Wir sind bequem! Kein Make-up. Frisur? Na, Frisur eben. Er ist sich sicher, begegnete sie ihm ein zweites Mal, er würde sie nicht erkennen.

Eines wird er aber mit Sicherheit nicht vergessen: ihre Stimme. Laut, mehr noch: schrill. Schmerzhaft schrill! Und er soll sie im Übermaß zu hören bekommen.

„Sie gestatten?" Sein Schweigen, sein Kopfschütteln werden ignoriert. Sie setzt sich.

„Hallo. Schön heute, nicht wahr? Und diese Ruhe!" Er ist ein ehrlicher Mensch, antwortet: „Bis vor einer Minute, ja."

Dummheit oder Feinfühligkeit kann man ihr nicht absprechen, denn der traurige, fassungslose Blick, der ihn jetzt trifft, lässt ihn seine Worte sofort bereuen, lässt ihn gar beschwichtigend sagen: „Wird bald ein Gewitter geben."

Sie schüttelt den Kopf, gibt einige Daten in ihr Smartphone ein und verkündet mit allergrößter Sicherheit: „Nein, mein Herr, da muss ich Ihnen in aller Entschiedenheit widersprechen. Was gibt Ihnen Anlass zu dieser Vermutung?"

„Die Spinne auf meinem Balkon hat's mir gestern verraten." Verdammt, da hat er sich etwas

81

eingebrockt durch seine unbedachte Replik

Die Frau bricht in schallendes Gelächter aus, was ihn gegen seinen Willen zu einer Erklärung nötigt. „Sie saß still und reglos in ihrem Netz, was auf einen Wetterwechsel hindeutet."

Da ihr Lachen nicht verstummt, setzt er nach: „Dort, der Nesselfalter sucht bereits einen Unterschlupf und die Bienen sind weg, sind zu ihren Stöcken geflogen."

Sie betrachtet ihn voll Mitleid „Ach, das ist doch Aberglaube, wissenschaftlich nicht belegt. Wenn dann deuten die aufkommenden Altocumili castellani darauf hin. Diese reichen manchmal in Höhen von 5000 Meter in der Troposphäre. Haben Sie das gewusst?" Kein Warten auf eine Antwort. Ihre Worte schwallen ihn erbarmungslos nieder. „Neben diesem türmchenförmigen Gewölk können auch Altocumili flocci, also die fransigen Haufenwolken Indiz für ein Gewitter sein. Gewitter entstehen, wenn die Temperatur mit zunehmender Höhe so stark abnimmt, dass ein Luftpaket durch Kondensation instabil wird und aufsteigt. Sie muss dazu pro 100 Höhenmeter um mehr als 0,65 Kelvin abnehmen. Ein aufsteigendes auskondensiertes Luftpaket kühlt ..."

Sie redet und redet, redet sich in einen Rausch. 'Arme Frau', denkt der Mann, 'wahrscheinlich ist sie einsam, hat niemanden, der ihr zuhört.' Ein Umstand, der auch ihm mittlerweile extrem schwerfällt. Plapp, plapp, plapp, plapp in Endlosschleife. Sein Verstand wehrt sich, schaltet auf Durchzug, nimmt nur noch Brocken auf wie feuchtdiabetischer Aufstieg, Konvektiv-Index, Topographie …

Ja, er ist sich sicher, das Gewitter ist nah. Lediglich aus Höflichkeit bleibt er sitzen, beobachtet aber aufmerksam den Himmel, der sich mehr und mehr verändert.

„Dort, schauen Sie, eine typische Gewitterwolke!", unterbricht er sie.

„Ah, Sie meinen die Kumulonimbuswolke." Sie zeigt erneut ihr mitleidiges 'Ich weiß alles besser'-Lächeln. „Wussten Sie, dass in ihr etwa 8000 Tonnen Luft pro Sekunde nach oben schießen, so stark ist die Luftbewegung? ..."

Und weiter geht ihr verbaler Feldzug gegen sein Gehör. Sie schießt aus vollen Rohren, bereitet ihm Schmerzen. Fluchtgedanken, nur weg von hier!

„Ich gehe jetzt besser nach Hause. Der Himmel verspricht nichts Gutes."

„Ach, lassen Sie uns doch noch die Ruhe genießen. Meine Daten hier sagen eindeutig, dieser Amboss dort oben, also der obere Teil der Cumulonimbuswolke, wird uns garantiert nicht tangieren, weil ..."

„Aber der Wind treibt sie eindeutig hierher!"

Inzwischen stürmt es schon mächtig, so mächtig, dass den Mann nichts mehr hier hält.

„Aber so vertrauen Sie mir doch. Ich bin schließlich Expertin, habe Meteorologie studiert!", ruft sie ihm hinterher, mit ihrem iPad wedelnd. „Da, da steht es schwarz auf weiß, der Wind kann gar nicht in unsere Richtung wehen."

Er winkt ab, ruft ihr noch zu: „Ich bin zwar kein Experte, rate Ihnen aber dennoch schleunigst nach Hause zu rennen."

Nein, die Frau weiß es besser. Diese Daten lügen nicht. Die Wissenschaft kann sich nicht irren. Ausgeschlossen! Spinnen, Falter und Bienen, lächerlich! Womöglich noch der Frosch auf seiner Leiter im Glas! Unbeirrt bleibt sie sitzen.

Scheinbar jedoch haben weder Sturm noch Gewitterwolken diese Prognosen gelesen oder, wenn ja, falsch interpretiert. Sie sind schließlich keine Experten, lassen die Frau, ja die gesamte Wissenschaft schändlich im Stich, winden, blitzen, donnern, ja erweichen ihre Thesen im strömenden Regen.

Der Mann blickt von seinem Fenster aus sowohl auf die verzweifelt die Realität negierende Frau im Park als auch auf seine Spinne und weiß genau, wer die Klügere ist.

(RW)

Che sera sera

Frosch im Glas sitzt unten an der Leiter,
aber Wetterhäuschenfrau meint: heiter!
Meteorologin im Te Vau
beginnt die Fünfminutenschau,
zeigt mit designtem Fingernagel
auf schwarz Gewölk, vielleicht gibt's Hagel.
Von den Azoren drängt ein Hoch,
Nordmeertiefs verhindern's doch!
Da sucht Sonne man vergebens,
aber Hochwahrscheinlichkeit des Regens.
All das sieht und hört der Bauer,
denkt sich: Ich weiß es genauer,
denn wenn der Mist zum Himmel stinkt
Und am Horizont der Hundsstern blinkt,
dann macht bestimmt am nächsten Tag
das Wetter, was es halt so mag.
All die Weisheiten der Theorie
interessierten das Wetter doch nie.
Und noch in Bezug auf's Wetter
einen Rat an alle Städter:
Schaut einfach beim Fenster raus.
Regnet es, bleibt halt zuhaus.
(GW)

Hochmut kommt vor dem Fall
(Auch Regentropfen sind nur Menschen)

Der Himmel öffnete die Schleusen. Menschen flohen in ihre Häuser. Nur eine Frau blieb unerschrocken auf der Parkbank sitzen. Der Wettergott meinte es heute gut mit diesem ausgedorrten Stückchen Land, sogar sehr gut. Endlich ließ er es regnen, schickte wahre Wassermassen. Die Erde lechzte nach Feuchtigkeit und sog, anfangs noch zögerlich, dann immer gieriger, das himmlische Geschenk auf.
Unzählige Regentropfen freuten sich über ihr Dasein, spielten Fangen, tanzten miteinander Ringelreihen, rutschten vor Wonne kreischend in tiefe Erdspalten, machten einen Höllenlärm, für menschliche Ohren allerdings nicht hörbar. Manche lagen einfach nur da, lächelnd mit feuchten Gedanken, die ersten Strahlen der aufgehenden Sonne ahnungslos genießend. Andere vereinigten sich. Man weiß nicht ob zum Lustgewinn, zur Zeugung von Nachwuchs oder zur Erlangung von mehr Macht und Stärke in einer großen Gruppe.

„Mein Gott, wie vulgär! Gruppensex in aller Öffentlichkeit!", entrüstete sich ein Regentropfen, der vom Blatt eines Baumes das Spektakel von oben beobachtete. Er war sich sicher, etwas ganz Besonderes zu sein, wahrscheinlich Teil einer Träne des Wettergottes höchstpersönlich. Wie dankbar war er seinem Schicksal, dass es diesen Ort für ihn als Landeplatz ausgesucht hatte. Hier konnte er seine Individualität wahren, musste sich nicht unter das gemeine Regenvolk mischen. Er beabsichtigte seine Lebenszeit keinesfalls innerhalb dieser ordinären Spaßgesellschaft zu verbringen. Nein, er wollte, durchaus lobenswert, philosophische und naturwissenschaftliche Fragen überdenken, beispielsweise, ob es möglich ist, Wasser durch Dehnung des letzten Buchstabens zu vermehren, also H2OOOOOOOO. Als weiteres bedeutendes Lebenswerk plante er die Erfindung eines speziellen Sport- und Diätprogramms, das die aus ästhetischen Gründen ungünstige Tropfenfigur bekämpfen sollte, um eine wohlproportionierte, schlanke Silhouette zu erreichen. Doch leider, das Schicksal meinte es nicht gut mit ihm.

Ein ohrenbetäubendes Geschrei holte ihn aus seinen hehren Gedanken. Mit Erschrecken musste er sehen, wie der Regenplebs unter ihm durch die Strahlen der Sonne systematisch ermordet wurde. Gellende Hilferufe waren zu vernehmen, lautes Stöhnen und Röcheln. In kürzester Zeit verschwanden seine Artgenossen.

„Gut, dass mich die Blätter des Baumes schützen!", dachte der Regentropfen noch, als plötzlich das Blatt unter ihm heftig zu saugen begann, zu saugen an ihm! Schnellstens musste er fliehen. Jedoch, bei dieser Flucht nach unten bemerkte er zu seinem Leidwesen, dass auch die übrigen Blätter in ihm nicht den schützenswerten Philosophen sahen, sondern allein das Opfer. Schließlich landete er, mittlerweile körperlich reichlich dezimiert, auf der warmen Erde. Und, oh Graus, nach wenigen Sekunden war auch unser stolzer Regentropfen Vergangenheit. Selbst sein Humor war trocken. (RW)

Inkontinenz der Worte

Ja, sie freut sich auf den Tag. Ja, endlich, seit einem Monat ist sie wieder glücklich. Und ja, dies hat sie ihm zu verdanken, ihm, der sie aus der Trauerstarre erlöst, ihm, der sie wieder zum Lachen gebracht, der ihrem Leben wieder einen Sinn gegeben hat. Sie möchte ihn nicht mehr missen, plant schon eine gemeinsame Zukunft, hat noch so viel zu erzählen. „Eine neue Liebe ist wie ein neues Leben ...", trällert sie auf dem Weg ins Badezimmer vor sich hin. Sie liebt Schlager, singt besonders in letzter Zeit viel und laut. Plötzlich entdeckt sie den Brief hinter dem Wasserhahn, öffnet ihn sofort, ist freudig erregt, als sie seine Handschrift erkennt. Ein Liebesbrief? Ach, wie romantisch. Sie legt sich erneut auf ihr Bett, beginnt zu lesen.

Liebe Helga,
erinnerst du dich noch an unser erstes Treffen beim Italiener? Du wirktest so unendlich traurig und einsam, sodass ich mich geradezu verpflichtet fühlte, dir Trost zu spenden. Und, ich glaube, dies ist mir auch gut gelungen. Du freutest dich, als ich mich zu dir setzte, hast deine anfängliche Zurückhaltung schnell aufgegeben, warst regelrecht

dankbar, all deine Gedanken mit jemandem teilen zu können. Und dann fingst du an zu reden, zu reden, zu reden. Ohne Unterlass. Ich spürte, wie gut dir das tat und ließ dich erzählen, erzählen von deinen Eltern, deiner Kindheit, deinem verstorbenen Ehemann. Innerhalb der nächsten Tage hast du dein Leben vor mir ausgeschüttet, und nicht nur das. Nein, ich erfuhr alles auch über deine Vorfahren bis zurück in das Jahr 1860, jedes geringste Detail, an das du dich erinnern konntest. Und dein Erinnerungsvermögen ist phänomenal! Ich kenne nun die Schuhgröße deines Opas, den Namen seines Kanarienvogels, die Inkontinenzprobleme der Oma, weiß, dass Onkel Erwin die Schnapsflaschen in der Standuhr vor seiner Frau verbarg, Tante Ina Porzellanpüppchen sammelte und du ihr beim Anziehen ihrer Stützstrumpfhosen helfen musstest.

Es ist mir heute noch unverständlich, dass ein Mensch in so kurzer Zeit so viel mitteilen kann. Liegt es an der Schnelligkeit deiner Rede, die mich immer an ein Maschinengewehr erinnerte? Komisch, wenn ich dir zuhörte, ging mir ständig ein altes Volkslied durch den Kopf: Es klappert die Mühle am rauschenden Bach. Klipp, Klapp.

Gut, anfangs hörte ich dir noch gerne zu, später schaltete ich auf Durchzug, hoffte aber immer, dass, sobald alles erzählt war, ich vielleicht auch mal etwas sagen darf. Wie oft habe ich zum Sprechen angesetzt in der Erwartung einer Pause, aber eine Pause hast du niemals gemacht. Nun, auch ich habe eine Stimme, die ich bisweilen einsetzen möchte.

Besonders quälend empfand ich die Tatsache, dass, kaum ebbte dein Wortschwall etwas ab, du augenblicklich begannst diese schrecklichen Schlager zu singen, wobei du nur selten den Ton trafst. Egal, bevor ich in deiner Redeflut komplett ertrinke, schwimme ich mich frei, schreibe dir diesen Brief, denn zum Reden komme ich bei dir ja nicht. Ich wünsche dir alles Gute. Vielleicht findest du ja einen Taubstummen, der dich liebt, denn nur solch ein Mann wird dich ertragen können.

Liebe Grüße

dein Peter

PS Ahnst du, warum ich das Kuvert hinter den Wasserhahn gelegt habe? Steter Tropfen höhlt auch den schweigsamsten Stein.

PS PS Übrigens brauchst du nicht nach deiner Goldmünzen-Sammlung und dem Geld in deinem Tresor suchen. Ich habe es mitgenommen, was dir als reicher Frau bestimmt nichts ausmacht. Betrachte es als eine Art Schmerzensgeld. Zudem wird es mich immer an dich erinnern, mein Schatz.

Sie liest, ist fassungslos. Und das Wunder geschieht, dieser Brief verschlägt ihr die Worte. Zum ersten Mal kehrt Stille ein in ihre Wohnung. (RW)

Verbalattacke

Der Zug verlässt den Bahnhof, ohne dass jemand neben ihr Platz genommen hat. Welche Erleichterung! Schließlich muss sie arbeiten, braucht keine Plaudertasche neben sich. Ihre Freude währt nur kurze Zeit, solange bis sich ein alter Mann zu ihr gesellt, der auch noch augenblicklich zu sprechen beginnt.

„Ach, wie schön! Ich dachte schon, ich müsste alleine reisen. Wissen Sie, seit dem Tod meiner Frau durch Herzinfarkt bin ich immer allein, hab niemanden zum Erzählen. Da bin ich geradezu süchtig nach Mitmenschen."

Freundlich weist sie darauf hin, dass sie leider keine Zeit für Plaudereien habe, schlägt vor, er möge sich in diesem Fall einen anderen Platz suchen. Ein kurzer irritierter Blick, dann verkündet er strahlend: „Na, junge Frau, wenn ich Sie so betrachte, Ihren gequälten Gesichtsausdruck, Ihre Nervosität, dann meine ich, ein Päuschen wird Ihnen gut tun. Darf ich mich vorstellen? Erwin Maier, mit ai, ich meine Maier nicht Erwin mit ai. Lustig, nicht?"

Er bricht in schallendes Gelächter aus, sie jedoch denkt an die bisher nur in Grundzügen ausgearbeitete Produkt-Präsentation und wendet sich erneut ihrem Notebook zu.

„Wie ist denn Ihr werter Name? Peters? Oh, das erinnert mich an unseren Kater Peterle, der leider, leider kurze Zeit nach meiner Frau verstarb. Habe ich Ihnen schon erzählt, dass meine Frau vor drei Jahren durch einen Herzinfarkt von mir ging? Ein Herzinfarkt! Ja, das war eine schreckliche Zeit für mich und allein Peterle war mein Trost. Peterle war unser Kater und der starb nur wenige Monate nach meiner Tilda, so hieß nämlich meine Ehefrau, die einen Herzinfarkt hatte. Was ist denn Ihr Vorname? Nicole, na, das klingt ja fast wie 'nie Kohl'." – Wieder dieses laute Lachen – „Ja, bei uns gab es sehr viel Kohl zu essen. Kohlroulade ist eines meiner Lieblingsgerichte. Tilda hat es mir oft gemacht. Sie war eine ausgezeichnete Köchin, wissen Sie? So so, Sie heißen also Nicole. Schade, dass der Kohl so krank ist. Haben Sie davon gelesen? Ich mochte ihn irgendwie als Kanzler gerne. Er hatte so eine gemütliche Art."

Aus Mitleid lässt sie ihn reden, aber irgendwann ist ihre Geduld erschöpft. Genug ist genug, so kann es nicht weitergehen. Erneut bittet sie ihn um Ruhe, weist auf ihre Arbeit, den bevorstehenden wichtigen Termin hin. Ein wunderbares Stichwort für den Mann:

„Das Übel unserer Zeit! Alles wird in letzter Sekunde erledigt. Sie müssen besser planen, junge

Frau. Und halsen Sie sich nicht zu viel Arbeit auf, sonst wartet noch der Börnaus auf Sie. Schauen Sie sich doch mal die schöne Landschaft an oder genießen Sie einfach die Ruhe."

Das hätte er besser nicht sagen sollen. Ihr platzt der Kragen: „Ruhe, ja genau das brauche ich, aber Sie gönnen sie mir ja nicht. Noch einmal: Ich MUSS arbeiten und dafür brauche ich RUHE! Und dies hier ist ein RUHEwagen!"

Sie schaut ihn an, erschrickt über seinen traurigen, verständnislosen Gesichtsausdruck, versucht zu beschwichtigen, ihm die Wichtigkeit ihrer Reise zu erklären. Er nickt und hüllt sich in Schweigen, holt schließlich Fotos aus seiner Brieftasche, die er so platziert, dass sie sie sehen muss. Nein, so kann sie nicht arbeiten! Genervt packt sie Tasche und Notebook, um einen Platz im Speisewagen zu ergattern, in der Hoffnung, dort ihren Vortrag schreiben zu können. Jedoch, der Wagon ist voll besetzt, auch, laut Aussage des Zugbegleiters, kein anderer Sitzplatz für längere Zeit frei. Notgedrungen kehrt sie zurück, stark hoffend, der alte Mann werde bald aussteigen.

„Wohin fahren Sie?" Nein! Seine Antwort treibt sie zur Verzweiflung. Dasselbe Ziel! Zudem interpretiert er ihre Frage falsch, glaubt sie suche eine Unterhaltung.

„Und Sie? Ach, wie schön, auch nach Berlin. Ich wohne in der Kastanienallee. Kennen Sie vielleicht den Herrn Dr. Müller? Der hat ..."

Sie stöhnt, erinnert sich an die Packung Ohropax in ihrer Tasche und versiegelt sich die Ohren, lässt ihn weiter plappern, versucht zu arbeiten. Dennoch, keine Chance, sich zu konzentrieren. Sein Gebrabbel ist immer noch zu vernehmen. Selbst das Verzehren seines dick mit altem Camembert belegten Brotes hindert ihn nicht am Sprechen. Deutlich vernimmt sie den Satz über das schlechte Benehmen der heutigen jungen Leute. Jetzt reicht es ihr endgültig, jetzt wird sie laut, jetzt attackiert sie:

„Sie bemängeln den fehlenden Respekt euch Alten gegenüber. Ich denke noch radikaler. Meines Erachtens sollten alle Menschen über 70 eingeschläfert werden. Sie haben lange genug gelebt, kosten nur Geld, müssen gepflegt werden und sollten auch nicht verbal mit ihrem Müll Unschuldige foltern dürfen. Was sagen Sie dazu?"

Er sagt dazu nichts, die gesamte restliche Fahrt nichts. Herrlich!

(RW)

Leben in Kalendersprüchen

„Das Leben ist wie eine Rolle im Theater. Es kommt nicht darauf an, dass lange, sondern dass gut gespielt wird. Ich möchte diese Aussage Senecas an den Beginn unserer Diskussionsrunde stellen. Was also macht ein gutes Leben aus?"
Die Intelligenz, eine große Person mit überdurchschnittlich hoher Stirn und klarem, wachem Blick, schaut ihre Gesprächspartner erwartungsvoll an.
„Senecas These ist absolut korrekt", verkündet die Weisheit. „Man kann sein Leben nicht verbreitern oder verlängern, aber man sollte es vertiefen."
Frau Klugheit gibt ihr augenblicklich recht: „Genau, unmöglich dem Leben mehr Tage zu geben. Ziel muss immer sein, den Tagen mehr Leben einzuflößen."
„Und mehr Spaß!" Zwischenruf aus dem Publikum, wo der Spaß mit roter Pappnase neben der Freude sitzt. Die erste Stuhlreihe wird vervollständigt durch die Trauer, den Pessimismus und die Apathie. Wahnsinn, Hass, Gier, Neid und Eifersucht belegen die Plätze dahinter, während sich Dummheit, Naivität und Schwachsinn äußerst dezent im Hintergrund halten.

„Ein Tag ohne Lächeln ist ein verlorener Tag." Der Humor zitiert Charlie Chaplin, woraufhin sein Freund Optimismus ergänzt: „Weine nicht, weil es vorbei ist, sondern lächle, weil es schön war."

„Nun, da fällt mit Werner Finck ein, der mal sagte: Lächeln ist die eleganteste Art einem Gegner die Zähne zu zeigen." Die Schönheit offenbart selbstbewusst ihre makellos weißen Zähne.

Herr Trübsinn, eine schwarz gekleidete Persönlichkeit mit dunklen, tiefen Augenringen, hat genug von so viel Positivem, räuspert sich und sagt mit müder Stimme: „Ach, das Leben kann niemals gut sein. Das Leben ist hart!"

„Wenn ich jemanden, 'das Leben ist hart' seufzen höre, bin ich immer wie Sydney J. Harris versucht zu fragen 'Im Vergleich wozu?'", wirft der Humor laut lachend ein.

„Nein, ich kann dem Trübsinn nur zustimmen", meldet sich Kollege Pessimismus. „Das ganze Leben ist doch sinnlos."

„Na, besser das Leben ist sinnlos, als dass es einen Sinn hat, dem ich nicht zustimmen kann." Optimismus zitiert mit breitem Lächeln Stanislaw Jerzy Lec.

„Den Sinn des Lebens gibt es doch gar nicht", protestiert der Egoismus. „Es gibt nur den Sinn des eigenen Lebens, ganz subjektiv."

„'Leben ist das, was passiert, während du fleißig dabei bist, andere Pläne zu schmieden', sagte schon

John Lennon sehr klug. Doch bitte, meine Damen, meine Herren, wollen wir doch das eigentliche Thema nicht außer Acht lassen: Was macht denn ein glückliches Leben aus?"

„Schwierig die Sache mit der Glücksfindung. Man will ja nicht nur glücklich sein, sondern glücklicher als die anderen. Das ist aber schwer zu erreichen, da wir meist die anderen für glücklicher halten als sie es in Wirklichkeit sind", gibt Frau Klugheit zu bedenken.

„Und viele suchen das Glück, wie sie einen Hut suchen, den sie auf dem Kopf tragen. Nikolaus Lenau."

„Stimmt, sehr verehrter Humor. Ich ergänze dies mit einem Spruch von B. Breuel: Viele suchen es am falschen Ort. Wenn man aber in die falsche Richtung läuft, hat es keinen Zweck, das Tempo zu erhöhen."

„Das Glück ist das Einzige, was sich verdoppelt, wenn man es teilt, sagte, glaube ich, Peter Ustinov. Und der meinte auch: Die meisten Menschen haben Angst vor dem Tod, weil sie nicht genug aus ihrem Leben gemacht haben."

„Wie recht er hat. Nicht unterlassen, sondern beginnen bringt uns weiter! Der erste Schritt ist wichtig."

„Ach nein, wie klug, Frau Blödheit! Und wie endet der erste Schritt im Leben? Auf der Schnauze des Kindes!"

In diesem Moment melden sich Durst und Hunger zu Wort und erbitten dringendst eine Pause. Der Trübsinn lehnt dies entschieden ab, denn sein Lieblingsthema blieb bisher unbehandelt: „Ich sage immer: Das einzige Lebensziel ist der Tod am Ende."

„Mann, beginne doch vorher endlich mal zu leben!"

„Genau", seufzt die Naivität. „Träume nicht dein Leben, sondern lebe deinen Traum! Arm sind Menschen ohne Träume."

Plötzlich springt Frau Ungeduld von ihrem Stuhl auf, ruft erregt: „Mir reicht es jetzt mit euren dämlichen Glückskeks-Sprüchen. Sagt doch mal was Vernünftiges und vor allem bringt es endlich auf den Punkt."

„Dann darf ich vielleicht einmal Einstein zitieren: Träume sind wichtiger als Wissen, denn Wissen ist begrenzt."

„Falsch! Einstein sprach von Fantasie, aber dass du, Blödheit, dir etwas korrekt merken kannst, das hätte dir hier sowieso niemand zugetraut. Außerdem, Träumer sind Idioten, die können sich höchstens im Mondlicht zurechtfinden. Im Übrigen, mir ist das hier zu blöd, ich gehe."

„Ich lasse mich hier nicht beleidigen!" Auch Blödheit und Naivität verlassen den Raum. Und als Hunger und Durst aufspringen und ununterbrochen „Pause, Pause, Pause ..." schreien, kapitulieren die anderen ebenso, hören auch nicht mehr wie die

Intelligenz verzweifelt ihnen hinterherruft: „Ja, so kommen Sie doch zurück!", hören erst recht nicht, wie sie flüstert: „Dazu fällt mir Kurt Marti ein, der sagte: Wo kämen wir hin, wenn alle sagten, wo kämen wir hin; und niemand ginge um einmal nachzuschauen, wohin man käme, wenn man ginge."
(RW)

Philosophine

Viel oh Sophie
hängt an deinen Gedanken.
Bedeutsam sind sie
und so schwer.
Ich hör' dir zu,
verfolg' deine Worte.
Allein, das Verstehen
gelingt mir nie.
Verschwurbelt die Sätze
und endlos lang,
zumeist sinnentleert,
doch fremdwörterschwer.
Was willst du uns sagen?
Alles rätselhaft!
Ich frag' bisweilen,
verstehst du es selbst?
(RW)

Das Sinnlein
(frei nach Johann Wolfgang von Goethe)

Ich ging im Walde so vor mich hin,
Um nichts zu suchen als des Lebens Sinn.
Im Schatten sah ich das Sinnlein stehn
Bedeutungsvoll blinkend, wunderschön.
Ich wollt' es haben, Erkenntnis rein
Sollte stets mir verfügbar sein.
Ich hob es aus und trug's zum Garten,
Pflanzt es wieder am kühlen Ort.
Befrag es täglich mit endlos Warten,
Allein, es antwortet mit keinem Wort.
Da steh ich nun, ich arme Torin
und bin so klug als wie vorhin.
(RW)

Gottkäfer

Endlich, das Ziel ist erreicht. Mit Schaudern denkt er an die vergangene Zeit, die eintönigen Jahre in der permanenten Dunkelheit der Erdhöhle, Wurzeln als einzige Kost, die Mutation zur Puppe, die entsetzlichen Qualen während des Schlüpfvorgangs und dann als Krönung noch der kalte Winter. Oft hat er sich den Kopf darüber zerbrochen, wer sich wohl diesen törichten Werdegang ausgedacht hatte, und vor allem, warum? Warum nicht gleich als Maikäfer auf die Welt kommen? Ja, er ist ein Grübler, ein Denker. Ganz anders als seine Artgenossen in der Höhle, Tiere, die nur ans Fressen dachten, über ihn lachten, über ihn und seine seltsamen Gedankenspiele.

Wohlig spürt er die von außen herein drängenden, wärmenden Sonnenstrahlen, dehnt und streckt seinen Körper, putzt sich, will schön sein beim Betreten der Welt. Er schaut sich um. Kein anderer Käfer zu sehen. Verdammt, wo sind sie?

Neugierig krabbelt er nach oben, weicht einige Schritte zurück, so sehr blendet ihn das grelle Tageslicht. Schließlich treibt ihn die Neugier aus dem Erdloch und, er muss es eingestehen, ein niederer Beweggrund. Er hat Hunger, schrecklichen

Hunger. Noch ziemlich ungelenk, in unbeholfenem Auf und Ab fliegt er instinktiv zu einer Eiche, wo seine Lieblingsspeise in Blattform reichlich auf ihn wartet.

Erst Tage später, erst als sein Bauch gut gefüllt ist, beginnt sein Hirn wieder zu arbeiten. Auch ein anderer Trieb meldet sich. Ja, er möchte sich paaren, sucht ein schmuckes Weibchen, fliegt seine ganze Umgebung ab. Nirgendwo ist ein Artgenosse zu sehen, auch keine Genossin. Verzweiflung erfasst ihn, Tränen rinnen über sein Gesicht. Ob unser Käfer wohl ahnt, dass er sich sputen muss, dass ihm lediglich vier bis sieben Wochen Lebenszeit vergönnt sind?

Plötzlich vernimmt er eine Stimme: „He, Leute, alle mal herkommen. Das habt ihr noch nicht gesehen!"

Im Nu strömen die Waldbewohner zusammen. Kleines Getier wie Ameisen, Raupen, Schmetterlinge und Vögel, aber auch Wildschweine, Rehe und Füchse sehen fasziniert zu ihm empor.

„Ein Maikäfer! Das gibt es doch nicht!"

„Bin ich denn etwas Besonderes?", wundert er sich.

„Eigentlich ja nicht, auch wenn ihr in letzter Zeit weniger geworden seid. Aber, Mann, es ist Ende August und alle deine Kumpel sind seit Wochen tot."

Unser Käfer taucht ein in ein Wechselbad der Gefühle. Trauer, Stolz, aber auch Angst, wenn er in die gierigen Augen einiger Waldbewohner schaut. Inzwischen haben sich Gesprächsgruppen gebildet, man debattiert, ringt um Erklärungen. Endlich räuspert sich die Eule, die sich in seiner Nähe platziert hat. Alle verstummen, blicken sie erwartungsvoll an. Jeder kennt ihre Weisheit.

„Zuallererst. Niemand, ich betone, niemand wird dieses Tier hier verzehren, auch wenn es noch so eiweißhaltig und köstlich ist. Es steht unter meinem persönlichen Schutz. Ihr fragt euch, warum. Nun, überlegt doch einmal: Dieser Käfer hier müsste nach allen Gesetzen der Biologie schon längst tot sein. Er hat seine Artgenossen aber nicht nur um ein paar Tage überlebt. Nein, er ist jetzt schon doppelt so alt, ein echtes Wunder. Er muss im Besitz des Geheimnisses für ein ewiges Leben sein und genau das wird er uns verraten. Also, sprich!"

Der Käfer überlegt, gibt der Eule recht, lauscht lange in sich hinein und urplötzlich packt ihn die Erkenntnis. Ja, er weiß um dieses Geheimnis, aber er weiß auch, wenn er sein Wissen preisgibt, gehört er augenblicklich dem Verdauungstrakt der Eule. Er räuspert sich:

„Stimmt, mir ist bekannt, wie man ewig lebt, aber, bitte verzeiht, dies euch hier und jetzt zu offenbaren, ist unmöglich. Die Vorgänge sind so komplex, können unmöglich in ein, zwei Sätzen beantwortet werden. Lasst mir also Zeit."

Man besorgt ihm einige Meter glatte Borke sowie

eine Unzahl angespitzte Äste und er beginnt zu schreiben, schreibt Woche um Woche, wohl versorgt von allen Waldbewohnern, die ihn immer mehr zu verehren beginnen. Anfangs betet man noch für ihn und seine Erkenntnis beim Gott des Waldes, bald jedoch mutiert er selbst zu einer Gottheit, wogegen er sich auch nicht allzu sehr wehrt.

Und dann passiert, was nicht passieren darf. Während eines Sturms müssen die Wachsoldaten von ihm abgezogen werden. Bei ihrer Rückkehr aber ist der Maikäfer verschwunden und bleibt dies auch trotz monatelanger Suche. Ebenso sind die Schriftrollen nicht mehr auffindbar. Was für ein Jammer!

Ist das nicht verrückt? Da hockt irgendwo dieser Gottkäfer in seinem Versteck, kennt den Schlüssel zum ewigen Leben, nach dem wir Menschen seit Generationen suchen, und verrät ihn nicht. Fragt ihn danach, falls ihr ihn trefft!

(RW)

Netzgedanken

Dies sind die bedeutungsschwangeren und gänzlich
sinnfreien Überlegungen eines Philosophen, die
Internetgemeinde an seiner bahnbrechenden
Theorie, dieser Krone der Weisheit, teilhaben zu
lassen, die da lautet:

Werde glücklich und du wirst glücklich sein!

Steigert fette Schrift gar die Bedeutungsschwere?
Werde glücklich
und du wirst glücklich sein!

Beflügelt das Schriftbild 'Gautami' diese
einzigartigen Gedanken, um gleichsam in
buddhistische Höhen abzuheben?
Werde glücklich

und du wirst glücklich sein.

Darf ich der Glücksfindung einen feierlichen
Rahmen verleihen oder findet das Glück dann
keinen Weg zu dir oder dir?

Werde glücklich

und du wirst

gkücklich sein!

Gelingt es mir die Weisheit der Aussage ins schier
Unermessliche zu steigern, indem ich dem
Hintergrund sinnvertiefende Farbe verleihe? In
Anfechtung der gewagten These, dass Weiß auch
über Weisheit verfüge, wähle ich nach langem
inneren Streitgespräch Schwarz, obwohl mein
Spruch dadurch verschwindet. Zugegebenermaßen
aus durchaus egoistischen Beweggründen und in der
festen Überzeugung, den Weg zum Glück müsse
sich schon ein jeder selbst erarbeiten:

Überlegung:
Gewinnen unsere vor längerer Zeit ins Netz gestellten Beiträge auf dem Weg nach unten in die Vergessenheit wenigstens an Tiefe? (RW)

Fußballexperten

„Lassen Sie uns über Ihre Philosophie sprechen, besonders im Hinblick auf das letzte Spiel."

„Nun, meine Philosophie hieß grob zusammengefasst: Wir müssen gewinnen, was nur möglich ist, wenn der Gegner verliert."

„Und welche Taktik hatten Sie sich für dieses Ziel überlegt?"

„Wir müssen stets ein Tor mehr schießen als die anderen. Und das ist uns ja auch gelungen, zumindest in den ersten 10 Minuten! Für uns gab es nur die eine Möglichkeit: Siegen, verlieren oder unentschieden."

Fußballfans kommen im deutschen Fernsehen nicht zu kurz. Da wird täglich analysiert diskutiert, wild spekuliert über stets sich wiederholende Fragen.

„Wird Trainer X entlassen? Und wenn ja, wann?"

„Was glauben Sie als Experte, wie lange wird er sich noch halten können?"

„Lasst uns doch einmal die wichtige Frage beantworten, ob Trainer X noch nächste Woche für seinen Verein verantwortlich sein wird?"

„Ah, eine interessante Anregung aus dem Publikum. Hier wird gemutmaßt, wie viel Zeit X als Trainer wohl noch bleiben wird."

Ja, bei Fußball darf jeder mitreden. Ein jeder fühlt sich als Experte. Und solch ein Jeder, ein typischer Bierbebauchter im zu knapp sitzenden Vereinstrikot, erhebt sich jetzt aus dem Publikum und expertiert drauflos.

„Also, X hat noch Vertrach bis 2017, aber isch glaub, der muss früha wech oder er bleibt bis zum Schluss."

Einzelne Zuschauer klatschen.

„Schön, dass wir X heute in der Sendung begrüßen dürfen." Rasender Applaus, gemischt mit einzelnen Pfiffen. „Darum gleich diese Frage an Sie."

„Welche Frage?"

„Werden Sie oder werden Sie nicht?"

„Was?"

„Na, Ihren Vertrag bis zum Schluss erfüllen?"

„Natürlich werde ich. Mein Gott, das hab ich oft genug mit ja beantwortet. Bitte stellen Sie mir nicht ständig diese Frage."

„Dann formulieren wir es eben mal anders: Werden wir Sie auch noch im nächsten Spiel als Trainer in Y erleben?"

Der Mann wirkt erzürnt, kann sich nur mit Mühe beherrschen, murmelt: „Themawechsel!", was mit lauten Buhrufen aus dem Publikum quittiert wird.

Der Reporter zeigt Erbarmen. „Lassen wir es dabei. Die Mitte liegt wohl auch hier in der Wahrheit: Was aber hat Sie zu dieser Aufstellung bewogen?"

Das Problem wird ausgiebig diskutiert, wobei

Publikum und Experten mit ihrer besseren Aufstellung und Taktik das Spiel mit Sicherheit gewonnen hätten.

Es folgt die 5. Werbeunterbrechung. Autos, Reifen, ein Baumarkt. Männerwelt! Anschließend trägt eine blonde, äußerst ansehnliche Kommentatorin die brisantesten, weltbewegenden Neuigkeiten aus dem Fußball-Kosmos vor. Hier zählt nicht Fachkompetenz, sondern Oberweite und Haarmähne, selbst wenn sie quakt wie eine Ente.

Die Expertenrunde taucht wieder auf.

„Wollen wir das Spiel einmal selbst analysieren."

Einzelne Szenen werden in Zeitlupe gezeigt, die spielentscheidenden Akteure mit bunten Kreisen deutlich hervorgehoben.

„Da, sehen Sie, D schießt den Ball zu E. Warum nicht zu den völlig freistehenden W oder Z?"

„Dann hätte E nicht den Ball bekommen."

„Stimmt. Das haben Sie ausgezeichnet herausgearbeitet. Wie hätten Sie die Niederlage denn vermeiden können, Herr X?"

„Nun, wir hätten nur ein Tor mehr erzielen müssen als der Gegner. Meine Mannschaft war eigentlich drückend feldüberlegen. Die anderen haben aus zwei Chancen ein Tor gemacht, also hundertprozentige Chancenauswertung. Meine Mannschaft ist dann x-mal ins Abseits gerannt. Dabei hatten wir genau das hundertmal im Vorfeld geübt. Aber so ist Fußball!"

Die Zuschauer rasen vor Begeisterung.

„Ja, so ist Fußball. Darwin hat hier Unrecht. Der Stärkere muss nicht zwangsläufig gewinnen."

„Darwin, nie gehört. Welches Team trainiert der denn?" Vereinzelte Lacher aus dem Publikum.

„Nun, Ihre Fans haben die Mannschaft noch nicht ganz aufgegeben. Hören Sie sich mal die Stimmen an."

„Geduld Leute, das nächste Spiel ist immer das nächste und das wird besser."

„Ja, die Bremer sind keine Dortmunder."

„Wir müssen einfach gewinnen. Alles andere ist primär."

Schön, dass Deutschland derart viele Philosophen besitzt!

(RW)

Zuvielosophie

Früher hieß es überall
geht hinaus und spielet Ball.
Heute ist das längst zu wenig.
Fußballphilosoph ist König.
„Wahrheit lieget auf dem Platz."
Welch Philosoph fand solchen Satz?
Kam vielleicht aus Engeland,
wo man einst das Spiel erfand?
Doch Philosophen sprachen nie
von Taktik oder Strategie.
War's also gar ein Militär
und der Philosoph 'ne Mär?
Der denkt doch über'n Sinn des Lebens.
Blutgrätsche sucht man da vergebens.
Auch Sense und den Eisenfuß
ein Philosoph nicht kennen muss.

.

Die alten Griechen wussten schon
Sport ist nah der Korruption!
Und wie ein Spiel wär aufzufassen,
Philosoph war da beiseit gelassen.
Wenn's um Wettkampf ging und Sieg,
Denken auf der Strecke blieb.
Heut ist viel Gerede mit dem Ziel
aufzutunen simpel Spiel.
Es bleibt kein einfach Zeitvertreib,
wo ein medialer Hype.
Und aus Statistiken und Theorie
wird gequält Philosophie.
Andererseits hätt' Plato unumwunden
Wahrheit einfach auf dem Platz gefunden.
(GW)

IV. Homo querulans

Das laute Haus

Sie sind am Ende ihrer Kräfte, können nicht mehr. Der Krach ist kaum noch auszuhalten, die Nerven liegen blank, so blank, dass sich die Bewohner des Hauses zu einer letzten Krisensitzung treffen. Thema: der alte Herr im Erdgeschoss.

Lange haben sie still gehalten. Schließlich ist ihre Dankbarkeit dem Mann gegenüber sehr groß, hat er ihnen ihre Wohnungen doch zu einem äußerst fairen Preis verkauft. Ja, und das Verhältnis zu diesem Nachbarn ist auch stets gut gewesen. Ein Pensionär, verwitwet, sehr gepflegt, höflich, ausgestattet mit einem freundlichen, zuvorkommenden Wesen, immer hilfsbereit. Den Kindern hat er bereitwillig einen Teil seines Gartens geöffnet und sich nie beklagt, wenn ein Ball wieder einmal auf seine Terrasse fiel.

Jeder Mitbewohner wusste von seiner Vorliebe für Chopin, zugegebenermaßen notgedrungen, denn der alte Herr hörte schlecht, weshalb nicht nur er allein in den Genuss der Musik kam. Aber man erachtete dies nicht als Problem, drehte einfach die eigene Musik lauter auf, mit dem Ergebnis, dass sich Chopin eine Schlacht lieferte mit den Musicals der Grundschullehrerin, Heavy Metal des jungen

Mannes aus der Dachwohnung sowie der Volksmusik des älteren Ehepaares aus dem 1. Stock. Ein wahrhaft musikalisches Haus.

Dann aber packte den alten Herrn die Sammelwut. Bald verging keine Woche, ohne dass neue Ware geliefert wurde, mal kleine Pakete, bisweilen jedoch auch mannsgroße und mit ihnen nahm der Lärm im Haus zu, am Ende unerträglich zu.

„Ich kann nicht mehr. Keine Ahnung, wann ich das letzte Mal richtig geschlafen habe." Die Lehrerin wirkt überaus nervös, unmöglich Hände und Füße ruhig zu halten. „Ich bin absolut unfähig, mich im Unterricht zu konzentrieren, musste mich letzte Woche krankschreiben lassen."

„Ja, an Schlaf ist nicht mehr zu denken." Auch das Ehepaar ist blass und übermüdet. „Der Chopin war ja noch auszuhalten, obwohl auch der in letzter Zeit lauter geworden ist."

„Ach, ein neuer Mitbewohner! Den habe ich noch gar nicht gesehen!" Der junge Mann ist verblüfft.

„Nein, Chopin werden Sie hier auch nicht zu Gesicht bekommen. Da müssen Sie sich schon auf den Friedhof in Paris begeben." Die Frau lacht, allerdings ein müdes, gequältes Lachen. „Ich habe schon oft versucht mit Herrn Schmidt über das nächtliche Problem zu sprechen. Immer vergeblich. Er hört mir zu, lächelt, nickt, aber es ändert sich nichts. Ich muss gestehen, ich entwickle bereits regelrechte Mordgelüste."

„Ja, inzwischen könnte ich ihn auch alle 15 Minuten erschlagen. Höhepunkt ist dann jede volle Stunde, besonders aber die 16 Schläge um Mitternacht, vier für die volle Stunde und zwölf für die Uhrzeit. Ich pack's einfach nicht mehr. Dabei muss man noch froh sein, dass er alle Uhren gleich einstellt."

„Verflucht. Warum sammelt er nicht Taschenuhren? Früher ging's auch noch einigermaßen, als er lediglich die zwei Standuhren besaß. Seit jedoch die sieben neuen dazu gekommen sind, ist es aus mit dem Schlafen. Mensch, wir können noch von Glück reden, dass es sich nicht um Kuckucksuhren handelt!"

„Wir möchten am liebsten unsere Wohnung verkaufen. Nur wie? Finden Sie einmal einen Käufer in 14 Minuten. Bleibt er auch nur eine Minute länger, bricht der Lärm los und treibt ihn augenblicklich aus dem Haus. Was uns aber am meisten wundert: Wie kann Herr Schmidt selbst bloß den Krach ertragen?"

Trocken meint der junge Mann: „Na ja, wenn man sich mit so vielen Uhren umgibt, dann nagt der Zahn der Zeit natürlich besonders kräftig an einem, auch am Gehör."

Sie schauen sich an, haben wohl alle den gleichen Gedanken, entwickeln einen Plan. Ja, der alte Herr hat morgen Geburtstag. Man wird zusammenlegen und ihm einen Gutschein für ein Hörgerät schenken, ihm, aber vor allem sich selbst.

Eine Woche später betritt der Mann ausgestattet mit einer nagelneuen Hörhilfe sein Zuhause. Justament in diesem Augenblick beginnt das Konzert der Standuhren. 12 Uhr! Ein Höllenlärm bricht über ihn herein. Zum ersten Mal wird er sich des Kraches bewusst und stoppt sofort die Uhren.

„Die Nachbarn müssen alle schwerhörig sein, sonst hätten sie schon längst dafür gesorgt, dass mich das Zeitliche segnet", stellt er schmunzelnd fest.

(RW)

Nachbarschaftsliebe

Endlich! Unser eigenes Haus. Neubausiedlung. Schöne Eigenheime. Nackte Grundstücke außen herum, stolze Besitzer davor. Man machte sich miteinander bekannt, stellte fest: allesamt liebenswürdige Menschen. Besonders mein Nachbar zur Linken erschien mir äußerst sympathisch, waren wir doch beide Liebhaber schöner Gärten. Und so tauschten wir begeistert Gartenbücher, fachsimpelten über die Robustheit bestimmter Stauden, die Bauweise von Teichen, gerieten in Entzückung angesichts der Schönheit von Heckenscheren und Kettensägen. Kurzum, wir verstanden uns prächtig, wurden Freunde.

Lediglich unsere Gärten entwickelten sich irgendwie auseinander. In seinen Beeten herrschte militärische Disziplin. Gerade ausgerichtet, durch Steine in Hab-Acht-Stellung akkurat vom Rasen getrennt, sorgsam vom Unkraut befreit, bepflanzt im steten Wechsel von je einer Tulpe, Narzisse und Rose. Die Überwachung dieser Ordnung oblag der Venus von Milo auf Sockel, unterstützt durch eine vielköpfige Zwergenfamilie und einige tönerne Rehkitze.

Ich saß derweil bequem im Liegestuhl, von

kompletter Verständnislosigkeit angesichts der Taten nebenan niedergestreckt. Doch, auch ich war fleißig, fasste tausend Pläne, entwickelte fantastische Ideen, begann sie umzusetzen, brach ab, weil ein weit schöneres Bild in meinem Kopf Gestalt annahm. Und so blieb manches unvollendet. Eigentlich nahezu alles. Das Verlegen der teuren Steinplatten wollte wohl überlegt sein, weshalb auch noch nach einem Jahr ein Sandpfad zur Haustür mäanderte, der bei Regen nur mit Gummistiefeln zu bewältigen war. Anderes geriet partout nicht so, wie ich es erträumt hatte. Der Gartenzaun beispielsweise, den ich in künstlerischer Freiheit ohne Wasserwaage begonnen hatte, dessen Vollendung aber nach drei Metern wegen kompletter Schieflage aufgegeben werden musste. Nur eines entwickelte sich prächtig: das Unkraut. Grund genug es, weit weniger bedrohlich und arbeitsintensiv, Wildkraut zu nennen und am Leben zu lassen. Bei mir soll niemand zu kurz kommen, ich hasse Zwänge, bin durch und durch Pazifist, auch Darwinist. Der Stärkere soll gewinnen. So waren Rosen und Rasen bald überwuchert.

An einem schönen, heißen Sommertag beschlossen mein nachbarlicher Freund und ich, die Teiche in Angriff zu nehmen. Ganz individuell, aber im Ziel vereint. Schnell mutierte die ausgehobene Erde bei ihm zu einem exakt rechteckigen Hügelbeet, auf dessen Mitte ein tönerner Gockel thronte, der beim Näherkommen zur Freude der Umgebung mit unüberhörbarer Stimme 'Kikeriki' krähte. Das Wasser wurde eingelassen, eine Pumpe sowie ein technisches Wunderwerk eingebaut, das, untermalt durch Händels Wassermusik, auch die nachbarlichen Gärten in bunte Farben tauchte. Tag und Nacht kotzte ein bayerischer Löwe eine bierähnliche Flüssigkeit in das Becken, ein Geräusch, das uns stets zu Toilettengängen nötigte. Zu allem Überfluss siedelte sich bald auch noch eine Froschfamilie an. Leider eine echte, die sich alle Mühe gab, den Gockel an Lautstärke zu übertrumpfen.

Mein Teichbau im Vorgarten entwickelte sich in eine etwas andere Richtung. Kaum hatte ich ein kleines, aber tiefes Loch gegraben, als Teile der am Rand deponierten Erde einen unwiderstehlichen Drang nach unten verspürten und so meinem Eifer ein jähes Ende versetzten. Aus Sicherheitsgründen positionierte ich ein rot blinkendes Licht vor dem angehenden Teich. Dies führte zu ersten ernsteren Irritationen in unserem nachbarschaftlichen Verhältnis, war doch das Schlafzimmer meines Freundes von nun an in regelmäßigen Abständen in Rotlicht getaucht. Egal, Sicherheit geht vor!

Tja, aber dann pflanzte ich eine Hecke und mit ihr begann das Übel. Dabei war ich so stolz auf mein Werk, sie fühlte sich so richtig wohl bei uns, wuchs schnell auf vier Meter Höhe, was den Garten des Freundes zunehmend in ein Schattenreich verwandelte. So forderte er die Kürzung der Hecke. Na klar, einverstanden, nur hatte ich einfach keine Zeit, auch nicht zum Lesen der Briefe meines Nachbarn und dessen Anwalts.

Eines Morgens weckten mich die Geräusche einer Kettensäge. Beim erneuten Erwachen fand ich mich schutzlos dem Anblick eines geordneten Gartens ausgesetzt. Meine Hecke war nicht mehr. Allerdings wird auch mein Nachbar keine Freude an seinem bösen Tun gehabt haben. Das Mehr an Sonne bezahlte er bitter. Unterstützt vom Wind traten meine Wildkräuter sofort den Eroberungsfeldzug an. Auf der linken Seite wurde der Einsatz von Unkrautvernichtungsmitteln rapide gesteigert, was den Aufenthalt im Freien im gesamten Wohngebiet nur mit Hilfe von Atemschutzmasken möglich machte.

Erste Rachegelüste erfüllten mich. Nachts entführte ich sowohl Zwerge als auch Bambis auf das Garagendach. Doch, wie staunte ich tags darauf über die Kreativität meines Nachbarn, als ich meine Gartenstiefel mit Hundekot gefüllt sah. Sofort schritt ich zur Tat und schnitt Muster in seine akkurat in gleiche Höhe gehaltene Buchsbaum-Umrandung, was dem Linken wohl nicht so recht gefiel, denn er entfernte nächtens das Rotlicht am Teich in spe. Mein Onkel Otto musste dies büßen.

Wie allgemein bekannt, bin ich um geniale Ideen nie verlegen. So schüttete ich bei Vollmond eine Großpackung Unkrautvernichter in den Brunnen nebenan und konnte hocherfreut beobachten, wie sich Beete und Rasen nach der nächsten Gießaktion des Nachbarn in schönstem Braun einheitlich verfärbten.

In der darauffolgenden Nacht zierte ein Stacheldrahtzaun die Grenze zwischen unseren Grundstücken, den ich fortan mit einem Scheinwerfer aus Sicherheitsgründen gut ausleuchtete. Schade, dass das Schlafzimmerfenster des Linken nicht über Rollläden verfügte. Wenigstens konnte er fortan nach Einbruch der Dunkelheit im Bett lesen. Er bedankte sich mit einem Appetithappen für unsere Katze, was jedoch ihr letzter gewesen sein sollte. Auch wir waren nicht träge und ersparten seinem Hund ein vielleicht qualvolles Altern. Das Giftgas, das der Nachbar am folgenden Abend einsetzte, übertraf jedoch die Erwartungen aller. Leider hatte er den Wetterbericht außer Acht gelassen, in dem von starkem Wind aus unterschiedlichen Richtungen die Rede war. Alleinige Nutznießer: die Frösche, die rechtzeitig vor dem Unglück abgetaucht waren.

Auf dem Friedhof unserer Stadt befinden sich seitdem zwei frische Familien-Gräber, das linke sauber und ordentlich gepflegt, das rechte ein liebevolles Chaos. (RW)

„zahnende Löwen", Regina Weber, 2015

Gärtners Glück

Es zahnt der Löwe
huft der Lattich.
Es miert der Vogel,
ferkelt das Kraut.
Hahn steht bei Fuss,
Lattich zeigt Huf
und Sauerklee das Horn.

Der Rasen moosert,
der Hirte täschelt.
Einsilbiger Giersch
bleibt nicht Beifuss.
Ehrenpreis gebührt
weder Ehr noch Preis.
Wegerich wird spitz,
Knab' zum Gundermann.

Ob Un oder Wild,
Kraut gewinnt den Kampf.
(RW)

Verhundst

„Ja, wo ist denn Papas Liebling? Mein Mäuslein!
Mein Zuckerbärli! Will tu wieda Gassi gehn?"
Vor dem Mann steht unübersehbar ein Hund,
allerdings kein mausiges Zuckerbärli. Nein, ein
ausgewachsener Kampfhund, Rasse Bullterrier.
Kräftig gebaut, ein einziges Muskelpaket. Winzig
kleine Augen. Der Kopf eiförmig, das Hirn den
Intelligenzquotienten eines Eies wohl nur wenig
übertreffend, denn an der Stelle, wo normalerweise
das Denken stattfindet, beginnt bei diesem Tier hier
bereits die Schädeldecke. Immerhin das Wort
'Gassi' scheint in Mausi auf so etwas wie Verstehen
gestoßen zu sein. Erwartungsvoll blickt sie auf
Herrchen.
Im Hintergrund öffnet sich eine Tür. Ein Kind
bittet: „Papa, die Mathe-Hausaufgabe ist doof.
Kannst du mir mal helfen?"
„Hau ab! Nicht die Mathe ist doof. Du bist es!
Keine Zeit jetzt. Siehst du nicht, Mausi muss raus."
Klare Hierarchie: Hundi steht weit über Doofi.
Der Mann zieht seine Jacke an, sucht nach den
Schuhen. Den linken findet er unter der Spüle, den
rechten im Badezimmer, wobei dieser seinen
ursprünglichen Zustand entschieden negiert, so

stark ist er traktiert, zerbissen worden. Die Reaktion: kein Wutgeheul, keine Schimpftiraden. Nein, seelenruhig zieht er ein anderes Paar an, verständnisvoll murmelnd: „Dududu, hatt du wieda spielen müssen."

Zur angestrebten Toilette im öffentlichen Park kommen die beiden nicht. Schon nach wenigen Schritten möchte Mausi auf die Welt scheißen, was sie auch mitten auf dem Bürgersteig tut, und zwar nicht wenig. Der anerkennende Blick ihres Herrchens ist ihr gewiss, ja sie bereitet ihm sogar eine richtige Freude, als keine Minute später die ungeliebte Nachbarin ihren Fuß mitten in den Haufen setzt.

'Die stank ja eh immer so. Jetzt hat sie immerhin ein Alibi", denkt er, sagt jedoch laut, allerdings auch nicht gerade diplomatisch: „Oh, das tut mir leid. Aber sehen Sie es mal positiv. Diese Schuhe sind ja dermaßen hässlich. Nun gibt es ein Paar neue, hübschere für Sie."

Keine fünf Minuten später trifft das sympathische Gespann auf den über ihnen wohnenden, ebenfalls ungeliebten Nachbarn, ungeliebt, weil dieser sich bereits mehrfach bei der Hausverwaltung über das ständige Gebell beschwert hat.

„Guten Abend Herr Mayer. Nein, Sie brauchen nicht die Straßenseite wechseln. Wenn Mausi Sie so anbellt, will sie nur freundlich 'Hallo' sagen. -- Stimmt, den Maulkorb habe ich vergessen

anzulegen. Aber keine Angst! Warum sie Sie jetzt so fixiert, ihr Blick starr wird? Na, sie ist gespannt, was Sie ihr alles Liebes sagen möchten. -- Das Knurren? Oh, da kann ich Sie beruhigen. Es knurrt nur ihr Magen. Sie hat momentan Verdauungsprobleme. Wissen Sie, gestern ist das Zwergkaninchen von Müllers gegenüber ausgebüchst und ausgerechnet in unsere Wohnung gelaufen, hat einen Haken geschlagen, sodass sich Hundi wehren musste. Und da hat er halt zugebissen. Lediglich zwei Löffel sind übrig geblieben. Aber Besteck kann man ja nie genug haben. Kleiner Scherz am Rande! -- Aber Herr Mayer, was schreien Sie denn so? Sie schnuppert doch lediglich an Ihren Schuhen. Anscheinend gefallen sie ihr nicht. Sind ja auch schon etwas aus der Mode. -- Haben Sie eigentlich bemerkt, dass Sie zwei verschiedenfarbige Socken angezogen haben? Der eine ist weiß, der andere rot. Oh, und er wird sogar immer röter! -- Entschuldigung, werter Herr. Genug geplaudert. Wir müssen weiter, nicht wahr, Schneckelchen? Schau mal, da drüben ist ein Kinderspielplatz."
(RW)

Ein Hund

Ach, du armer Hund
in der Tiefe Schlund!
Viele Leute kenn' dich nicht.
Nie siehst du das Tageslicht,
weil du auf des Schachtes Sole
transportieren musst die Kohle.
Nie hört man ein winselnd Klagen.
Bist eben nur ein Kohlewagen.
(GW)

Mein Hund

Bin einst auf den Hund gekommen,
hab es erst für Spaß genommen.
Aber bald bei Hitz und Regen
musste ich das Tier bewegen.
Anfangs war es mir nur Last,
hab den Hund beinah gehasst.
Dann allmählich mit der Zeit
freute mich sein treu Geleit.
Und so ward das gute Tier
irgendwie ein Teil von mir.
Viele Jahr ist er schon nimmer,
in Gedanken laufen wir noch immer.
(GW)

Gehliebte

„Gehliebte! Verstehst du die Betonung? Kapierst du, was ich dir damit sagen will? Geh! Das ist ein Befehl. Liebte steht für die 1. Person Imperfekt und soll dir sagen, unsere Liebe ist Vergangenheit. Ich liebte dich, tu es jetzt aber nicht mehr. Alles klar?"
Sie ist erstaunt, versteht ihn nicht, will ihn nicht verstehen, stammelt: „Aber ..."
„Kein Aber. Meine Entscheidung steht. Pack die Dinge, die du dringend benötigst, den Rest schicke ich dir in deine Wohnung. So, und jetzt gibst du mir den Wohnungsschlüssel."
Diese Worte, kühl und sachlich ausgesprochen, zerschmettern ihre empfindsame Seele. Ihre so heile, rosarote Welt zerspringt in tausend Scherben.
„Warum?"
Mitleidlos zuckt er die Achseln, jedes weitere Wort für ihn die pure Zeitverschwendung. Sie ist ganz nett gewesen, im Bett brauchbar, aber nun ... Genug ist genug. Auf zu neuen Ufern!!!
Hemmungslos beginnt sie zu weinen. Das, was ihm an Empathie fehlt, besitzt sie zur Genüge. Er drängt, mahnt zur Eile, schiebt einen dringenden Geschäftstermin vor. Sie ist lästig, nur noch lästig. Dieses Geheule! Schließlich wird sie sich der

Vergeblichkeit ihrer Tränen bewusst, sammelt die kärglichen Reste ihres Stolzes zusammen, packt hastig ein paar Kleidungsstücke sowie Schminkutensilien in eine große Tasche, schmeißt ihm den Wohnungsschlüssel vor die Füße und rennt türknallend hinaus. Zutiefst gekränkt und verwirrt läuft sie ziellos durch die Stadt, im Kopf ein totales Chaos, eine Vielzahl an Fragezeichen nach dem Warum.

Ihre Liebe ist doch so groß gewesen. Wie hat er sie begehrt, mit Rosen überhäuft, schließlich eine Wohnung als gemeinsames Liebesnest gekauft! Sie vertraute ihm blind, zu blind. Natürlich, sie wusste von Anfang an, dass er verheiratet ist, glücklicher Vater von drei Kindern, dass er sich allein aus Sorge um diese Kinder nicht von seiner Frau trennen konnte. Sie fand das rührend, hatte vollstes Verständnis, ihn auch nie unter Druck gesetzt, war genügsam. Nein, diese Stunden mit ihm reichten ihr, diese Stunden voller Romantik, Lust, ja Ekstase, diese Stunden mit ihm, ihrem Chef.

Und dann kam sie, die neue Sekretärin. Jasmin Lichtblau. Schon als sie die Neue das erste Mal traf, sah sie Blaulicht, schrillten sämtliche Alarmglocken, witterte sie die Gefahr. Ein Typ, den sich keine Frau als Freundin wünscht, jedoch fast alle Männerherzen höher schlagen lässt. Eine Inkarnation des Zuviel: zu viel Make-up, zu lange, höchstwahrscheinlich falsche Wimpern, zu rote, aufgespritzte Lippen.. Die Haare, zu blond, mähnten sich durch zu viele Extensions. Die Brüste, zu groß, silikonierten aus zu tiefen Ausschnitten. Die Schuhe heelten zu high.

Sie sah die Begierde in seinen Blicken, spürte, seine Sehnsucht nach ihr mehr und mehr erkalten, ahnte, sie hatte verloren. Noch aber wollte sie dies nicht wahrhaben. Wie sehr hat er doch stets ihren Humor, ihre Klugheit, besonders aber ihre wichtige Arbeit als Chemikerin geschätzt. Klar, vor allem dem von ihrem Team entwickelten Medikament verdankt sein Unternehmen diese derart gewaltige Gewinnmaximierung. Sollte all das nun nicht mehr zählen? Wiegen pralle, wenn auch falsche Brüste ein leeres Hirn auf? Nun, die Antwort auf diese Frage war gegeben.

Ihre Verzweiflung ist so riesig, ihr Selbstwertgefühl dagegen so gering, dass erste Gedanken an Selbstmord aufkommen. Ja, sie wird sich von dem Hochhaus stürzen, wird warten, bis das Liebespaar aus dem Haus tritt und dann genau vor ihnen auf den Boden prallen. Und er wird weinen, ihren Tod beklagen, die andere zum Teufel jagen! Oder soll sie beide mit in den Tod reißen? Auch eine Idee. Sie suhlt sich im Selbstmitleid, kann den Anblick der beiden Turteltauben kaum noch ertragen, erscheint nicht mehr zur Arbeit, sondern verkriecht sich in ihre stets abgedunkelte Wohnung, öffnet auch keine Post und bekommt schließlich nach mehreren ungelesenen Abmahnungen die Kündigung.

Allmählich, ganz allmählich jedoch weicht das ständige Hadern mit dem Schicksal einer übermächtigen Wut. Sie will Sühne, mutiert zum Racheengel und ergeht sich in kühnsten Fantasien. Da entstellt Salzsäure das Gesicht der Konkurrentin, wird der kleine Mann messerscharf vom großen Mann getrennt. In Gedanken bastelt sie Bomben und verschickt Briefe mit hochgiftigen Substanzen. Wie töricht! Die Spur führt genau zu ihr. Sie will nicht ins Gefängnis, weiß, sie muss subtiler vorgehen.

Eines Tages trifft sie zufällig die Chefsekretärin ihres Ex, die vor Zorn schäumend erzählt, er sei der Schlampe total verfallen und sie nutze ihn eiskalt aus. Ein Sportwagen, wertvoller Schmuck. Und jetzt habe er der dämlichen Lichtblauen sogar die Wohnung überschrieben. Sie überlegt. Befriedigt diese Tatsache ihre Rachlust? Ist er dadurch gestraft genug? Eine innere Stimme schreit „Nein".

Vor ein paar Wochen hat sie begonnen, das Paar zu beobachten und voller Zorn ähnliche Rituale wie zu Beginn ihrer eigenen Liebesbeziehung ausgemacht. Montag-, Mittwoch- und Freitagabende vögelt er in seinem Liebesnest, an den restlichen Tagen mimt er den treusorgenden Familienvater. Langsam nimmt ihr Racheplan Formen an. Ja, sie hat es noch, das Fläschchen mit der Grundsubstanz des von ihr entwickelten Medikaments, hochwirksam in verdünntem Zustand, hochgiftig in dieser reinen Konsistenz, die zu Atemnot, einem Gefühl der Brustenge, Übelkeit, Erbrechen und schließlich zum Herzstillstand führt. Allesamt typische Symptome eines Herzinfarktes. Kein Mediziner wird diesen Tod hinterfragen. Nächsten Freitagvormittag wird sie sich als Jasmin Lichtblau mit blonder, langmähniger Perücke und typischem, knallrotem Minikleid verkleiden, sich für alle sichtbar mit dem Zweitschlüssel in die Wohnung begeben, eine gewisse Menge der giftigen Substanz in eine Spritze ziehen und sein geliebtes Quellwasser, sein Jungbrunnen, wie er zu kokettieren pflegte, damit präparieren.

Eine gewisse Menge, gut, aber wie viel genau? Sie denkt nach, wägt ab. Was will sie? Seinen finalen Abgang? Oder soll sie ihn lediglich schreckliche Qualen erleiden und die Rivalin zum Teufel jagen lassen? Kehrt er dann reumütig zu ihr zurück?

Plötzlich lacht sie laut auf, triumphiert, spürt diese unglaubliche Macht in sich. Ja, sie kann Schicksal spielen, über Tod und Leben entscheiden. Ein großartiges Gefühl! Heute ist Dienstag. Noch hat sie Zeit, die richtige Entscheidung zu treffen.

Jemand klingelt an ihrer Haustür Sturm, reißt sie jäh aus ihren Planspielen. Die beiden Polizeibeamten kommen sofort zur Sache.

„Frau Schröder, wo waren Sie am gestrigen Tag? – Zu Hause? Und keine Zeugen, die dies bestätigen können? Nicht gut für Sie! – Beschreiben Sie uns doch mal Ihr Verhältnis zu Ihrem ehemaligen Chef."

Sie ist verwirrt, windet sich, will nicht darüber reden, wird aber rigide zu einer Aussage gedrängt und bekennt sich schließlich zu der ehemaligen Liebesbeziehung.

„Klar, dass Sie auf die neue Geliebte eine Riesenwut haben. Und dann kein Alibi!"

Erst jetzt fragt sie nach der Ursache all dieser Fragen und bricht, als sie die Antwort erfährt, weinend zusammen. Der Unternehmer Friedrich Müller sowie die Sekretärin Jasmin Lichtblau sind heute früh von der Zugehfrau tot aufgefunden worden, wobei, da ein gleichzeitiger Herzinfarkt äußerst unwahrscheinlich scheint, alles auf Mord hinweist.

Sie wird verhaftet, ihr Zuhause durchsucht, wo die Beamten eine blonde Perücke, den Zweitschlüssel für die Wohnung, eine Spritze sowie das Giftfläschchen finden. Genau jenes Gift, das später in dem Quellwasser des Herrn Müller nachgewiesen werden konnte.

Eine Woche später steht eine weinende Witwe am Grab ihres Mannes, des Unternehmers Müller, und trocknet sich die Tränen, Freudentränen! Nein, sie bereut nichts, absolut nichts! (RW)

V. Homo vanus

Schön!???

Er betrachtet sie am Frühstückstisch. Wer bitte ist das? Seine Frau? Ja und nein. Nein, weil dieses Geschöpf ihm gegenüber äußerlich nichts mehr mit der jungen Frau gemein hat, die er einst heiratete. Wo ist diese Svenja geblieben? Svenja mit ihren Grübchen, ihren sanften Rundungen, nicht dick, aber sehr fraulich. Keine glamouröse Schönheit gerade einem Schminktopf entstiegen. Er liebte ihre Sommersprossen, ihre Pausbäckchen, die ersten Lachfältchen, ihre Natürlichkeit. Und genau diese Natürlichkeit war ihr abhandengekommen, angefangen ausgerechnet mit einem Buch, das sie von einer Freundin zu ihrem 45. Geburtstag bekam. Titel: 'Altern? Nein danke! 100 Tipps zur Erhaltung Ihrer natürlichen Schönheit'.

Besagte Freundin lud sie zu ihren regelmäßigen Frauentreffen ein, allesamt Frauen, mit sehr viel Zeit und ebenso viel Geld, Frauen wie Svenja selbst, nur dass sie ihre körperlichen Kräfte bisher in den Garten und ihre geistigen in die Literatur gesteckt hatte. Altern war für sie nie ein Problem, gehörte ganz selbstverständlich zum Altwerden. Diese Einstellung wurde von nun an durch die Überzeugung ersetzt, etwas gegen den unerbittlich nagenden Zahn der Zeit unternehmen zu müssen.

Plötzlich fühlte sie sich fett und unansehnlich. Eine Behauptung, die er immer wieder entschieden, jedoch erfolglos negierte.

Eines Abends kam er nach Hause und erschrak, weil seine Frau vor einem Spiegel stand und entsetzliche Fratzen machte. Natürlich vermutete er Schmerzen, eine schreckliche Krankheit, aber bestimmt keine Gesichtsgymnastik. Auch die Masken, die sie jetzt häufig auflegte und die ihre Haut so stark zusammenzogen, dass sich Beulen bildeten, jagten ihm Angst ein genauso wie die neuen Monsterlippen. Heute muss er darüber lachen. Alles noch harmlos. Amüsiert denkt er auch an die Anfänge ihrer Transformation, wie sie tagsüber in einer aufzupumpenden Plastikhose mit Luftkammern herumlief, ähnlich dem Michelin-Männchen, oder wie sie ihren Körper in Klarsichtfolie hüllte, penetrant riechend nach irgendwelchen Kräutern, die angeblich die Fettzellen zum Schmelzen brachten. Während des Fernsehens verursachten an Beinen, Armen, Bauch und Po angelegte Elektroden regelmäßige Muskel-Zuckungen.

Damals haben sie noch viel über all diese Versuche gelacht, bald jedoch nahm Svenja ihren Kampf bitterernst. Sie verbrachte immer mehr Zeit im Fitness-Studio, ihr Körper veränderte sich, ist inzwischen weit muskulöser als der seine. Und an Stellen, wo ihr Training allein nicht half, half die

Schönheitsindustrie.

Mittlerweile liebt seine Frau Extensions in aller Form, egal ob Haare, Mund, Brust oder Kleiderschränke, alles wächst. Er dagegen sieht nur das Gegenteil, nämlich Diminishings in Form einer erheblichen Reduzierung von Weiblichkeit, Natürlichkeit und Konto. Selbst ihre Mimik, ihr Lachen werden durch Botox eingeschränkt, eigentlich sogar komplett verhindert. Auch die Zeit, die sie noch für ihn übrig hat, fällt unter die Sparte 'Diminishings' ebenso wie der gemeinsame Jahresurlaub, den sie seit einigen Jahren lieber mit ihren Freundinnen in der Klinik eines bekannten Schönheitschirurgen verbringt.

Er seufzt. Ja, seine Frau ist ihm irgendwo abhandengekommen. Etwas muss zur Rettung seiner Ehe geschehen. Er wird sie später vom Fitnesscenter abholen und ihr noch im Auto eine Paartherapie vorschlagen.

Abends sieht er vor dem Ausgang der „Folterstube" vier Frauen stehen, eine davon muss Svenja sein. Er steigt aus, will sie umarmen, schaut von einer zur anderen, zögert, mustert sie erneut, ist total verwirrt. Verdammt, welche ist seine Frau? Er weiß es nicht, da alle gleich aussehen, alle das Werk desselben Chirurgen, desselben Friseurs, desselben Make-up-Künstlers, derselben Modelinie. Frankensteins Schönheiten. Ihn schaudert. (RW)

Living

aging!
Spieglein, Spieglein mein,
contouring
Zeige mir den schönen Schein!
baking
Lass mich wieder jünger sein!
vontouring
Bin mit mir sonst so allein.
needling
Ach, ich lieb dies Spritzlein klein.
lifting
Soll das letzlich ich noch sein?
smiling!
living!

(GW)

„Faltenwurf", Regina Weber, 2016

Spiegelgedanken

Ich leide, ja ich leide sogar sehr. Dies ist wirklich
kein Ort, um glücklich leben zu können. Warum nur
hat mich das böse Schicksal ausgerechnet hierhin
gehängt? In die Umkleidekabine eines Kaufhauses!
Nicht etwa ein Kaufhaus für edle Designer-
Kleidung, nein, billige, nach Chemie stinkende
Klamotten für jedermann werden hier verramscht.
Und Jedermann, egal ob Mann, Frau oder Kind, ist,
ich darf dies behaupten, wahrhaftig meist keine
Zier!
Dumme, ausdruckslose Augen starren mich leider
viel zu häufig an, alle körperlichen
Unzulänglichkeiten des Menschen werden mir
schonungslos offeriert und ich kann nicht
wegschauen, muss alles widerspruchslos ertragen.
Sie tauchen mit ihrem hässlichen, oft adipösen
Äußeren in mich ein, zeigen ungeniert ihre
ungepflegte Unterwäsche. Können sie sich denn
nicht denken, auch Spiegel haben ein ästhetisches
Empfinden?
Übrigens verfügen wir auch über einen Geruchssinn
und der muss gewaltig leiden! Egal ob Sommer
oder Winter, die Temperatur in der Kabine führt
zwangsläufig zum Schwitzen. Oh, wie hasse ich es,

wenn Achseln gelüftet, wenn Hosen anprobiert und dafür Schuhe ausgezogen werden.

Und ständig werde ich vollgeschmiert. Nein, ich will nicht die Reste vorheriger Mahlzeiten auf meinem zarten Glas haben, auch nicht den Popel des Kindes und schon gar nicht die Viren des Grippekranken, der mich heftig anniest.

Im törichten Glauben, sie seien allein, lassen die Kunden sich gehen, fluchen, schimpfen, weil das Kleid in Größe 36 sich dem massigen Körper verwehrt, die Hose für die kurzen Beinchen zu lang, die Farbe Weiß dem fahlen Teint statt nobler Blässe noch mehr Fahlheit verleiht. Und dann kommt sie, die Krönung der Ungerechtigkeit, der Satz, der mich jedes Mal an den Rand des Wahnsinns treibt: „Der Spiegel ist einfach ungünstig!"

(RW)

Putzsucht

„Hätte man damals erkannt, wie weit es die Frauen noch treiben würden mit ihrem Verlangen nach verschwenderischem Prunk und Aufwand, der tagtäglich durch immer kostspieligere Neuheiten gemehrt wird, dann hätten die Väter des Gesetzes der Luxusleidenschaft gleich am Anfang Einhalt geboten. Doch was soll ich noch weiter von den Frauen reden: Sie werden ja dazu getrieben, ihren ganzen Eifer auf die Verschönerung ihres Äußeren zu wenden, einmal durch ihre geistige Schwäche und dann dadurch, dass man sie von jeder ernsthafteren Beschäftigung ausschließt! Zitatende.

So wetterte Valerius Maximus im 1. Jahrhundert nach Christi gegen die Putzsucht der Frauen, die heute Thema dieser Sendung sein soll. Frau Müller-Schweig, Sie sind Geschichtsprofessorin und .....“

„Ja, das bin ich, spezialisiert auf ...“

„Darf ich zuerst die weiteren Teilnehmer unserer Gesprächsrunde vorstellen? Zu meiner Rechten, Frau Gruber und dort unter dem Stuhl, Frau Schmidt. Frau Schmidt, würden Sie sich bitte setzen. Frau Professor Müller-Schweig, schon in der Antike beklagte man die Putzsucht der Frauen. Wie müssen wir uns diese vorstellen?“

„Nun, die wohlhabende, frei geborene römische Frau verwandte einen Großteil ihrer Zeit auf die Präsentation ihres Äußeren. Und das Ergebnis war sehr bunt. Nehmen Sie allein das Make-up."

„Ach, ich liebe Make-up, würde ohne nie das Haus verlassen!" Frau Grubers falsche Wimpern klimpern, der blau-perlmutt schimmernde Lidschatten übertrifft ihre Stimme an Grellheit.

„Ja, Hausputz ist lebenswichtig." Frau Schmidt hat die Bodenfläche unterhalb ihres Stuhles fertig gereinigt und bringt sich in das Gespräch ein. Mit einem Tuch aus ihrer Sagrotan-Großpackung poliert sie nun die Oberfläche des halbrunden Tisches, auch vor den anderen Gesprächsteilnehmern, die sichtlich irritiert ihrem Treiben zuschauen. Beim Kameramann sind erste Anzeichen von Verzweiflung zu sehen.

„Wo ist denn hier ein Papierkorb?" Mit diesen Worten schnappt sie sich die wohlgeordneten Notizen des Moderators, was diesem sofort Schweißperlen auf die Stirn zaubert.

„Frau Professor, bitte."

„Lassen Sie mich Ovid zitieren, der in seiner berühmten ars amatoria im Kapitel *medicamina faciei feminae* , also Mittel der weiblichen Gesichtspflege, schreibt: *Cura dabit faciem*; frei übersetzt: Sorgfalt macht das Gesicht erst schön. Das Make-Up bestand aus dem unangenehm riechenden und deshalb stark parfümierten Fett der

Schafswolle, weshalb Juvenal einmal spöttelte: Der Ehemann konnte bereits am Geruch abends im Ehebett erahnen, dass seine Frau ihren Liebhaber am nächsten Tag verführen wollte. Die Frauen benutzten darüber hinaus blauen oder grünen Lidschatten sowie Wimperntusche aus Ruß. Aus dem stinkenden..."

„Nehmen Sie Essigwasser gegen starke Gerüche." Ohne aufzuschauen, reinigt Frau Schmidt die Stühle der Teilnehmer. „Die Armlehnen sind ganz besonders wichtig wegen der vielen Keime."

„Aus dem stinkenden Schleim der Purpurschnecke wurden ...“

„Ach, weil sie gerade Schnecke sagen. Wissen Sie, was angeblich super gegen Falten helfen soll, Schneckenschleim oder Hämorrhoidencremes!", ruft Frau Gruber begeistert dazwischen und hebt brav ihre Füße, damit darunter geputzt werden kann.

„Also diese Diskussion entbehrt jegliche Ernsthaftigkeit." Die Professorin ist empört. „Ein letzter Versuch meinerseits, verbunden mit der Bitte, nicht ständig unterbrochen zu werden: Aus dem stinkenden Schleim der Purpurschnecke gewann man den Farbstoff für Lippenstifte. Eine absolute Notwendigkeit für die Frauen der Antike war das Abpudern des Gesichtes mit stark toxischem Bleiweiß, denn braune Haut galt als ordinär. Zudem lackierten sie sich Finger- und

Fußnägel rot und bedienten sich reichlich der Cremes und Masken aus Eselsmilch, Mehl und Honig. Poppea beispielsweise, die Frau des Kaisers Nero, badete in Eselsmilch, so dass sie auf ihren Reisen stets Eselsherden mit sich führte."

„Bei Reisen immer Sagrotantücher mitnehmen!"

„Frau Gruber, stimmt es, dass sie jeden Morgen drei Stunden für ihr Äußeres aufbringen und ihre Kleidung täglich mehrmals wechseln?"

„Oh ja. So wie meine Stimmungen." Sie lacht.

„Und alles muss bunt sein, glitzern und glänzen."

„Stimmt, bei mir zu Hause auch. Überall lauern Keime, Bakterien. Ständig hab ich auf der Hut zu sein." Frau Schmidt beginnt die Kamera zu putzen.

„Ich liebe die Mode von Glööckler."

„Nein, ich bevorzuge Domestos."

„Frau Professor, noch ein Beleg für die Putzsucht der Frauen früher?"

„Nun, die freigeborenen Römerinnen der Antike legten viel Wert auf ihre langen Haare, die mittels calamistrum, der Brennschere, gewellt, kunstvoll hochgesteckt, mit goldenen Haarnetzen, Spangen oder Bändern verziert wurden. Reiche Frauen hatten zu diesem Zweck eigens eine ornatrix, eine Sklavin, eingestellt."

„Oh, mein Gott, das hätte ich auch gerne, so eine Or ..."

„Nein, ich putze selbst. Da weiß ich jedenfalls, dass alles sauber ist."

„Darf ich vielleicht e i n m a l nur ausreden? Was ist denn das hier für ein Kindergarten?"

„Bitte, Frau Professor, fahren Sie fort."

„Besonders nach den Kriegen gegen die Kimbern und Teutonen färbten die Römerinnen gerne ihr Haar blond oder rot und bedienten sich der massenhaft aus Germanien importierten Haarteile. Verdammt, Frau Schmidt, hören Sie augenblicklich auf, mir über die Schuhe zu wischen. Mir reicht diese Veranstaltung endgültig. Ich gehe. Auf Wiedersehen!"

Frau Müller-Schweig tut Letzteres und stürmt wutentbrannt aus dem Studio.

„Ach, Extensions! Einfach wunderbar!"

„Haben Sie schon einmal Extinguish ausprobiert? Damit bekommen Sie jeden Fleck weg."

„Apropos 'weg'", ruft der Moderator. „Dies ist doch ein schönes letztes Wort zum Abschluss dieser höchst interessanten Sendung. Meine Damen, ich danke Ihnen."

(RW)

Wienerin

Überall, nicht nur in Wien
rutscht sie so auf ihren Knien
über Fliesen und Parkett,
wischt und putzt und macht und hätt'
beinah vergessen hinter'm Eck
der Wollmaus listiges Versteck.
Erst wenn alles glänzt und gleißt,
reinste Reinheit ihr verheißt,
sie sich drin zu spiegeln scheint,
sind sie und Anspruch erst vereint.
Und während sie mit sich zufrieden,
beginnt ein Stäubchen rumzufliegen.
(GW)

FREIzeit

Man quält
an bestimmten Orten
in bestimmter Gruppe
zu bestimmter Zeit
nach bestimmten Anweisungen
an bestimmten Geräten
in bestimmter Kleidung
seinen Körper.
Das macht Spaß.
Bestimmt!
(RW)

Fitness-Wahn

Alles fing so harmlos an. Einer damals noch von der Wissenschaft hoch gepriesenen Margarine mit wertvollen ungesättigten Fettsäuren war ein Schrittzähler beigefügt.

„Na, das wär' doch etwas für dich mein Schatz", neckte ihn seine Frau mit Blick auf seinen Bauchansatz. Gut, er musste ihr recht geben, ein bisschen mehr Bewegung würde seinem Körper bestimmt nicht schaden. Die zahlreichen Geschäftsessen, allzu viele Sitzungen, die ihrem Namen alle Ehre machten und eben keine Laufungen waren, die täglichen 12-15 Stunden täglich am Schreibtisch, stimmt, so konnte es nicht weitergehen.

Leider ist er kein Mensch für halbe Sachen, eher für dreifache. Bei ihm wird niemals gekleckert, sondern geklotzt, eine Devise, die ihn zu einem der erfolgreichsten Jungunternehmer gemacht hat. Der Spielkeller wurde umfunktioniert in eine Folterkammer. Statt Tischtennisplatte, Trampolin, Kinderrutsche übernahmen Laufband, Crosstrainer, Rudergerät und Ergometer die Herrschaft, bald unterstützt durch Kraftmaschinen wie Butterfly, Brust- und Beinpresse, Lat-Zug, Hantelbank und

Bauchmaschine. Man engagierte einen Profi, ihn in die richtige Handhabung all der Folterinstrumente einzuweisen. Damit ihm die Erinnerung an die reale Welt nicht abhandenkam, wurde die Natur mittels Beamer in den Keller geholt. Und so rudert er seitdem im Rothsee, rennt durch einen virtuellen Wald, quält sich steilste Alpenpässe hoch.

Zugegeben, der Anfang war eine Qual. Bald jedoch hat ihn der Ehrgeiz gepackt, angestachelt wohl auch durch das Fitness-Armband und verschiedene Apps, die nicht nur Herzfrequenz, Schlafrhythmus, Kalorienverbrauch, Anzahl der Schritte oder Trainingsfortschritt registrieren. Oh nein, inaktive Phasen werden augenblicklich erfasst und moniert. Und selbst wenn das Smartphone schweigt, sein Blick wandert inzwischen nahezu minütlich auf die erfassten Werte. Konferenzen leitet er konsequent von einem Laufband aus.

Radikal ging er auch seine Ernährung an, lehnte die Hinweise eines Beraters über gesunde Nahrung als inkonsequent ab, lebt mittlerweile ausschließlich von Kapseln und Pulver, schluckt Weight Gainer für mehr Muskelmasse, Fatburner wie Carnitin für den Abbau von Fetten, leert Unmengen an Eiweiß- und Proteinpackungen für die Dezimierung seines Geldbeutels. Auch die Sportbekleidungsbranche sagt „Danke".

Oh ja, er ist stolz auf sich, kann nur lachen bei dem Gedanken an eine Unterhaltung mit seiner Frau vor einigen Jahren, als er, jawohl er selbst, lästerte: „Früher ging man flott spazieren, heute nennt man es Nordic Walking und benötigt eine Ausrüstung für Minimum 300 Euro."

Marie holte daraufhin einen Werbeprospekt. „Hier, man glaubt es nicht. Es gibt die Schuh-Modelle Work-out plus, Workout ready, Yoga, Yourflex, ZPump und ZQuick Electrify. Ja, da staunst du. Darf ich dich aufklären? Ich zitiere: 'Dieser von Z-Rated Reifen inspirierte Laufschuh macht deine Füße wegen des einzigartigen Sohlenprofils und des wunderbar ausgeklügelten Zwischensohlenschaums zu Rennwagen, wobei die weiterentwickelte Obermaterialtechnologie dank Nano Web für Atmungsaktivität und Halt sorgt, während du rasante Trainingseinheiten absolvierst.'"

„Und mein Vater schlüpfte in irgendwelche ausgelatschten Turnschuhe, machte Dauerlauf einfach aus Freude an der Bewegung!", witzelte er noch.

Plötzlich fällt ihm seine Frau ein. Stimmt, da ist doch noch etwas in seinem Leben gewesen außer Fitness, Fitness, Fitness und Arbeit. Nein, er hat sie nicht vergessen ebenso wenig wie die Kinder. Sie gehören genauso zum Inventar seines Hauses wie die Hantelbank, nur, das muss er zugeben, Marie hat er seit Ewigkeiten nicht mehr gedrückt. Sie ist aus dem gemeinsamen Schlafzimmer ausgezogen, genervt durch seine ständigen Blicke auf die App zur Überprüfung des nächtlichen Schlafrhythmus'. Gemeinsam gegessen wird auch schon lange nicht mehr. Der schnelle Genuss von Pillen und Protein-Shakes schenkt ihm viel Zeit, Zeit, die seinem Training zugutekommt.

Anfangs besuchten sie ihn noch in seiner Folterkammer, erzählten von ihrem Alltag, lachten zusammen über das am Boden unter seinem Gesicht liegende Smartphone mit der iPushUp-App, die seine Liegestütze nur anerkannte und zählte, wenn er das Display mit der Nase berührte. Dann kamen sie immer seltener und er sah seine Frau und die Kinder lediglich, weil Marie die Naturpanorama-Filme durch selbstgedrehte Familien-Videos ersetzte.

Seit einer Woche läuft allerdings immer wieder dasselbe. Er beginnt sich Sorgen zu machen, unterbricht sogar seinen Trainingsplan, geht in den Wohnbereich, durchsucht alle Räume, ruft ihre Namen. Vergeblich! Mitten zwischen seiner Workout-Food entdeckt er schließlich den Brief seiner Frau: „Vielleicht fällt es dir ja irgendwann einmal auf: Wir sind aus deinem Leben gejoggt."
(RW)

Body-Bilder

Man kann sehn, dass mit den Jahren
bei ihm da vorn zwei Brüste,
von denen er doch gerne wüsste,
weshalb sie sich dort offenbaren.

Nimmt ein Buch und kann dort sehn,
dass schuld an weiblicher Kontur,
welche ziert männlich Figur,
ein Hormon, das Östrogen!

Jahre hat er sich gequält,
tüchtig seinen Leib gestählt
für die attraktiv Figur.

Dass an Haaren er verliert,
dass ihn weiblich Brust nun ziert,
zeigt: Mann kann nicht wider die Natur.
(GW)

VI. Homo sapiens?

Hokuspokus

„Birgit, schau mal hier: 'Reich, aber unglücklich? Wir beenden diesen Fluch! Bitte melden unter ...' Das ist doch was für mich!"

Lachend zeigte Martina ihrer Freundin diese Zeitungsanzeige. Sie fühlte sich angesprochen. Nein, es handelte sich nicht um das Inserat einer Partnervermittlungs-Agentur, denn einen neuen Partner suchte sie garantiert nicht. Nicht zu diesem Zeitpunkt! Ihr Mann war ja erst vor einem halben Jahr gestorben. Ja, sie war reich und unglücklich, litt unter dieser schrecklichen Leere, dieser Einsamkeit nach 37 Jahren Ehe. Außerdem spürte sie entsetzliche Langeweile. Und was sollte schon passieren? Ein Anruf kostet ja nichts.

„Ich will", flötete eine freundliche Frau, „absolut ehrlich zu Ihnen sein. Natürlich, eine Garantie, Sie von Ihrem Unglück befreien zu können, gibt es nicht, aber lassen Sie es uns doch zumindest einmal probieren. Wir sind eine karitative Organisation, die allein aus Nächstenliebe handelt, weswegen wir unsere Hilfe auch kostenlos anbieten."

Diese Aussage kam Martina verdächtig vor. Wer, bitte, half heutzutage noch ohne Bezahlung? Jedoch ihre Neugier, gepaart mit einem Quäntchen

Abenteuerlust war geweckt. Die Freundinnen wollten sich einen Spaß machen.

Zum vereinbarten Termin erschienen zwei Frauen bei ihnen, beide so um die fünfzig, dunkler Teint, lange, gelockte Haare. Ihre schwarzen, wallenden Gewänder und der viele Goldschmuck unterstrichen noch den Eindruck von Wahrsagerinnen. Gut, Martina war zunächst skeptisch und hätte sie ohne Birgits Anwesenheit auch nicht hereingelassen. Allerdings machten die beiden einen durchaus angenehmen, ja sympathischen Eindruck. Sofort begannen sie Martina eingehend zu betrachten, nahmen ihre Hände, versuchten, wie sie vorgaben, ihre Aura zu spüren.

„Gnädige Frau, auf Ihnen liegt ein Fluch. Jedoch, wir können Ihnen helfen, kostenlos, aus reiner Nächstenliebe."

Die Freundinnen grinsten sich an, ahnten augenblicklich Betrug, waren aber neugierig auf das, was kommen würde. Endlich ein Ende der Langeweile! Also ließen sie sich auf das Spiel ein und sollten nicht enttäuscht werden. Ein mächtiges Spektakel erwartete sie.

Die Fenster des Wohnzimmers wurden abgedunkelt, Räucherstäbchen angezündet, auf dem Tisch eine große, dunkelblau leuchtende Kugel aufgebaut, ein riesiges Hokuspokus veranstaltet und schließlich verkündet:

„Nicht auf Ihnen, werte Dame, sondern allein auf

Ihrem Geld liegt ein Fluch, der sich aber negativ auf Sie selbst auswirkt. Nun, keine Bange, wir besitzen die Kraft, Sie davon zu befreien. Wickeln Sie all Ihr Geld und zur Sicherheit auch noch Ihren Schmuck in dieses spezielle Zaubertuch."

'Euch krieg ich schon!' Martinas kriminalistischer Jagdinstinkt war geweckt. Clever legte sie nur einen kleinen Geldbetrag und einige Schmuckstücke von geringerem Wert in das Tuch. Die Freundinnen ließen von nun an das Paket nicht mehr aus den Augen, waren auf jeden Trick vorbereitet.

Inzwischen hatten die beiden Frauen begonnen, im Flüsterton bedeutungsvolle Formeln und Beschwörungen zu murmeln und abwechselnd mit dem verfluchten Schatz um die Gastgeberin herum zu tanzen, um schließlich das Ende des Fluches zu verkünden. Damit dies so bliebe, müsste sie eine Nacht auf dem kostbaren, aber nun unschuldigen Bündel schlafen, dürfte es aber keinesfalls vorher öffnen. Mit diesen Worten verschwanden sie.

Selbstverständlich überprüften die Freundinnen sofort das Tuch, um im Fall eines Betruges die Verfolgung der Wahrsagerinnen aufzunehmen. Als sie jedoch endlich die vielen Knoten geöffnet hatten, waren die Frauen samt Geld und Schmuck über alle Berge. Allerdings handelte es sich um höfliche Betrügerinnen, denn neben wertlosen Glasketten fand sich in dem Tuch ein Zettel, auf dem „Danke" geschrieben stand. Immerhin! (RW)

Kaffeesatzbau

Ich kann mich nicht entscheiden
und um Fehler zu vermeiden,
weil unschlüssig ich eben bin,
geh ich zur Wahrsagerin.
Da sitz ich nun im Dunkeln,
denk mir: Hier wär gut Munkeln.
Schon tut sich ein Vorhang auf.
Die Séance nimmt ihren Lauf.

Kugel, Pendel und die Karten
all auf meine Frage warten.
Kugel glänzt im Dämmerlicht.
Pendel, das bewegt sich nicht.
Aus dem Stoß ne' Kart' ich zieh.
Mist! Das ist ja der „pendu"!
Da beginnt die Frau zu lachen.
Soll mir keine Sorgen machen.
Diese Kart' ist nicht so wild
wie das dargestellte Bild.

Frau jetzt in die Kugel guckt.
Da seh ich, wie's Pendel zuckt.
Ist es wahr oder war's Trug?
Derweil die Frau die Kugel frug.
Und während sich der Tisch verrückt,
wird ihr Blick total verzückt.
Die Kugel reicht ihr offenbar
auf meine Frag' die Antwort dar.

Gerade will sie etwas sagen,
beginnt das Pendel auszuschlagen.
Hat Kugel recht? Weiß Pendel mehr?
Jetzt noch dazu die Karte her.
Die Frau lächelt und gewiss
findet sie den Kompromiss.
Flüstert lang mir was ins Ohr.
Ich hol's Portemonnaie hervor,
geh nach Haus und denk beklommen,
da wär' ich selbst auch drauf gekommen.
(GW)

Tele Vision

Ein Wunderwerk der Technik, ja das war dieser
Fernseher. Und was er alles konnte! Funktionen, die
ich nie benötigte. Leichtfertig opferte ich den
Vorgänger, der mich Jahrzehnte treu begleitet hatte.
Nicht etwa, weil er kaputt war. Nein, ich wollte
Fortschritt und dieser Fortschritt beglückte mich
fünf Jahre lang, dann war nur noch der Verschleiß
fortgeschritten. Der Bildschirm ergrünte. Natürlich
irreparabel.
„Keine Bange. Dieses Modell hier ist kinderleicht
zu bedienen. Plug and play." Diese Worte des
Verkäufers im Ohr packe ich ein neues Gerät aus
und stehe alsbald in einem Berg von Folien und
Kartons, für die ein großer Teil des Waldes hat
sterben müssen. Ich triumphiere beim Anblick einer
fetten Bedienungsanleitung in 28 Sprachen, die
mich davor warnt, sie in einem sich bewegenden
Fahrzeug zu lesen und mir empfiehlt, das Gerät in
der Nähe einer leicht zugänglichen Netzsteckdose
aufzustellen.
Die Art mit wie viel Liebe hier an das Überleben
des Käufers gedacht wurde, rührt mich fast zu
Tränen. Ohne diese Hinweise wäre ich mit der
Plastiktüte über dem Kopf einen schlimmen

Erstickungstod gestorben, hätte einen Stromschlag erhalten, wenn ich mit meinem Fernseher zusammen gebadet oder das Netzkabel bei Betrieb zerschnitten hätte. Allerdings, nirgendwo eine Bemerkung über die Eignung des Produktes für Vegetarier oder Veganer. Schade, ich bin nun etwas verunsichert. Dankbar wird jedoch registriert, dass die volle Lautstärke zu Gehörschäden und das Anschauen von 3D-Filmen oder das längere Spielen von Videogames zu Epilepsie führen können.

Aus Liebe zu unserem neuen Lebensgefährten verpflichte ich mich, weder meine Kinder auf ihm herumklettern noch ein Haustier hineinbeißen zu lassen. Nein, ich werde ihn auch nicht mit Kerzenwachs beträufeln, in das Feuer des Kamins stellen, auf einer Kochplatte platzieren oder mit schweren Gegenständen bewerfen.

Selbstverständlich kommt kein Ort infrage, an dem Insekten in das Gerät eindringen könnten. Vorsichtig wird der Bienenstock aus unserem Wohnzimmer getragen.

Insgesamt sechs überlebenswichtige Seiten sowie eine ausführlichen Anleitung zur Wandmontage. Dann jedoch nimmt das Unheil seinen Lauf. „Möchten Sie eine Set-Top-Box anschließen?" Ich zucke mit den Schultern, würde gerne antworten, wenn ich nur wüsste, was das ist. Meine Verunsicherung nimmt zu als die Rede von HDMI, DVI und HDCP ist. „Manche der HDMI-Kabel können störendes Flackern oder den völligen Ausfall des Fernsehbildes verursachen." Gut, ich beschließe, nicht 'manche' zu haben, sondern die anderen. Nun soll ich eine CI-Karte anschließen und mich um das Kensingtonschloss kümmern. Erste Zweifel an meiner Intelligenz werden wach. Es folgen technische Daten und Tipps zur Störungsbehebung. Gut, dafür müsste das Gerät aber erst einmal laufen. Optimistisch blättere ich um und entdecke das soeben Gelesene auf Spanisch. Sonst absolut nichts!

„Plug and play." Einverstanden. Zuversichtlich plugge ich den Stecker, aber nichts played. Die Fernbedienung, ähnlich dem Bedienfeld im Cockpit eines Flugzeuges, wird mit Batterien versehen, die Power-Taste gedrückt. Die Einstellung von Sprache, Land und Zeit gelingt auf Anhieb. Will ich ein blaues Bild, eine Melodie? Nein, will ich nicht. Ich will eigentlich nur fernsehen.

Von nun an wird die Komödie zur Tragödie. Automatischer Sendersuchlauf, Speichern und jedem Sender manuell einen Programmplatz zuweisen, das klingt schön, dauert aber seine Zeit, so viel Zeit, dass ich mir überlege einen Tag Urlaub zu nehmen. Was jetzt folgt, treibt mich jedoch an den Rand des Wahnsinns: „Kanal." Die drei wunderbaren Optionen P, C oder S werden mir angeboten. Tollkühn wage ich P und werde erneut aufgefordert den automatischen Sendersuchlauf zu

starten. All die Mühsal zuvor umsonst! Weitere
Stunden vergehen bis ich wieder bei dem
Menüpunkt 'Kanal' angelangt bin. Meine
Verzweiflung steigt ins Unermessliche als auch die
Eingabe von C und S immer wieder das Vorherige
löscht.
Mittlerweile bereue ich zutiefst meine
wissenschaftliche Berufswahl, beschließe eine
zusätzliche Ausbildung zum Fernsehtechniker zu
machen. Ich weiß nicht mehr weiter, befrage am
nächsten Tag den Fachmann im Elektromarkt.
Gemeinsam gehen wir die einzelnen Punkte der
Programmierung durch, gelangen zum kritischen
Punkt „Kanal", woraufhin er mich mitleidsvoll
lächelnd aufklärt:
„Hier sollten Sie gar nichts anklicken, sondern auf
<Weiter> gehen. Jetzt müssen Sie nur noch die
Senderfeinabstimmung durchführen, Bildstandard,
Format, den Modus sowie die detaillierten
Bildeinstellungen vornehmen, Farbtemperatur,
Tonstandard und Hintergrundbeleuchtung
auswählen und entscheiden, ob Sie PIP wollen oder
die LNA-Funktion. Alles ganz easy!"
Ich fühle mich als kompletter Vollidiot, wähle
wenig höflich die LMA-Funktion.
(RW)

Gebrauchsanweisungen, mon amour

Mittels Aufkleber auf einem Bügeleisen wird davor gewarnt, Kleidung nicht am Körper zu bügeln. Ja, das war mir neu. Ach, die Kettensäge darf ich nicht mit der Hand stoppen und mir auch nicht das Pfefferspray ins Gesicht sprühen? Wie gut zu wissen, dass das Haarfärbemittel nicht zum Verzieren von Speiseeis zu benutzen ist ebenso wenig die Tischlerfräse zum Zähnebohren! Auch die Mahnung eines Rückspiegelherstellers „Bitte denken Sie daran: Was im Rückspiegel erscheint, befindet sich hinter Ihnen" erstaunt mich nun wirklich.

Ja, ich werde bestimmt daran denken, vor dem Zusammenklappen des Kinderwagens das Kind zu entfernen und dieses Kind auch nicht in der Spülmaschine spielen zu lassen, werde sorgsam darauf achten, dass der Roller sich bewegt, wenn er benutzt wird.

Tiefe Dankbarkeit erfasst mich geradezu, dass mir mitgeteilt wird, ich darf weder Fischhaken essen noch das Wasser aus der Toilettenschüssel trinken und schon gar nicht die Toilettenbürste zur Körperhygiene nutzen.

„1. Packung aufreißen. 2. Nüsse verzehren." Ohne

diesen Hinweis wäre ich den Hungertod gestorben. Feierlich schwöre ich, niemals den Tankinhalt mittels eines angezündeten Streichholzes zu überprüfen und auch nicht mein Handy in der Mikrowelle zu trocknen.

Warum aber hat mich niemand vor dem Lesen dieses Hinweises gewarnt? Gebrauchsanweisung eines Tampon-Herstellers: Ziehen Sie nach dem Einführen des Tampons Ihren Schlüpfer wieder hoch. An dem Lachanfall wäre ich fast gestorben.

Wie liebevoll sich die Industrie doch um uns Kunden kümmert! Gut, allerdings werden wir auch noch als zukünftige Käufer gebraucht.

(RW)

Wenn einer eine Reise tut, dann ...
(eine nahezu wahre Geschichte)

„Mutti, kannst du kommen und helfen?" Notruf der Kinder aus Berlin.

Klar, kann Mutti kommen, kauft sofort pflichtbewusst Hin- und Rückfahrttickets bei der Deutschen Bahn im Internet. Surprise, surprise. Acht Wochen vor der Abreise gebucht, gibt es die Karten zu einem günstigen Preis, noch dazu eine Direktverbindung, die einem Schweißausbrüche wegen verpasster Anschlusszüge bei Verspätung erspart. 6 ½ Stunden Fahrzeit, angenehm! Ich bin zufrieden, wähne mich auf der sicheren Seite, was soll schon schiefgehen?

Na gut, man weiß ja nie, also wird 14 Tage vorher noch einmal die Zugverbindung überprüft. Und, siehe da, das Feld dahinter ist nicht mehr unschuldig weiß. Nein, dort prangt ein fettes, rotes X. Mir schwant augenblicklich Böses und dies zu Recht. Nach dem Anklicken teilt mir ein umrandetes Feld mit, dass exakt mein Zug wegen Bauarbeiten bei Saalfeld ausfällt. Schade, aber man wird mir sicherlich Ersatz anbieten. Ist ja schließlich nicht meine Schuld. Ich habe die Bauarbeiten bestimmt nicht verschuldet. Was für eine Naivität!

Frohen Mutes rufe ich bei der Auskunft der Deutschen Bahn an, lausche geduldig den Wahloptionen: Wenn Sie Fragen zu ... haben, wählen Sie die 1, wenn Sie ... Auf Anhieb kapiere ich, was für ein Wunder, welche Zahl für mich die Richtige ist und beginne zu warten. 5 Minuten, 10 Minuten. Die permanent gleiche, nervtötende Musik treibt mich zusehends in den Wahnsinn. Immer wieder setze ich zum Sprechen an, wenn eine weibliche Stimme vom Band, eine Verletzung bei mir vermutend, voller Zuversicht verkündet „Bitte warten Sie. Sie werden sofort verbunden." Inzwischen bleibe ich nicht mehr ruhig, sondern schreie zurück: „Ja, dann mach doch endlich, du blöde Kuh!"

Justament bei diesem Wort meldet sich eine Sachbearbeiterin, meinen Gefühlsausbruch höflich ignorierend – wahrscheinlich sind die Telefonisten derlei gewohnt. Ich versuche mich zu konzentrieren, stammle lang und ausführlich mein Anliegen, um am Ende zu erfahren, sie könne da nichts für mich tun. Schade. Ich müsse mich an einen Service-point der DB wenden.

Leider finden sich diese Punkte der Dienstbarkeit mittlerweile lediglich an großen Bahnhöfen, was in meinem Fall eine 45-minütige Autofahrt plus 30-minütige Parkplatzsuche nach sich zieht. Optimistisch und naiv ziehe ich ein Parkticket für eine halbe Stunde, weiß jedoch sogleich, dass dies töricht gewesen ist, als ich die Schalterhalle betrete. Wie viele Personen warten da vor mir? 30 oder 40? Auf jeden Fall zu viele! Aber mir bleibt keine andere Wahl, ich muss mich in Geduld üben.

Nach einer Weile fällt mir ein großer Bildschirm in der Mitte des Raumes auf, der ständig Zahlen ausspuckt. Als ich einen Mann nach der Bedeutung frage, muss ich zu meinem Leidwesen erfahren, dass man eine Nummer zu ziehen habe, eine Tatsache, die mich augenblicklich wieder an das Ende der Warteschlange befördert. Schnell zum Auto, den Parkschein verlängern, um wieder in der Schalterhalle in den stand-by Modus zu schalten.

Zwangsläufig komme ich mit den Leidensgenossen vor und hinter mir ins Gespräch, erfahre von den Scheidungsproblemen eines Mannes, vom Tod des Dackels Erwin, der neuen Zahnspange der Enkelin. Ja, und während mir eine freundliche Oma ihre Schwierigkeiten mit den neuen Stützstrümpfen erläutert, da passiert es. Ich überhöre den Aufruf meiner Nummer und muss trotz aller Proteste eine neue ziehen. Meine Stimmung steigt, besonders als mein neuer, schon ziemlich betagter Hintermann vor mir seine gesamte Krankengeschichte detailliert ausbreitet.

Endlich. Frau Maria Mergenthaler ist bereit mich anzuhören. Ich schildere ihr die Problematik, bitte um Umbuchung, habe ein gutes Gefühl. Was soll schon schiefgehen? Ein paar Klicks und die Sache ist erledigt. Sie tippt einige Daten in den PC ein, schüttelt dann jedoch den Kopf, verkündet. „Nein, da haben Sie sich getäuscht. Ihr Zug fällt keineswegs aus."

Ich zweifle, will es selbst sehen, darf nach flehentlicher Bitte einen Blick auf den Bildschirm werfen und erkenne sofort das falsche Datum. Korrektur. Das rote Kreuz wird nun auch für Frau Mergenthaler sichtbar. Die Dame studiert lange den Streckenverlauf, um schließlich eine neue Zugverbindung vorzuschlagen: viermal umsteigen, Fahrtdauer fast 11 Stunden.

Ich versuche gelassen zu bleiben, sage: „Nun, ich liebe zwar die Reise mit der Deutschen Bahn, weiß eine Genussverlängerung um mehrere Stunden durchaus zu schätzen, möchte Sie aber dennoch um eine andere Route bitten."

Wer suchet, der findet. Und Frau Maria findet tatsächlich, stutzt aber plötzlich, schaut mich nachdenklich an und fragt: „Haben Sie vorhin nicht gesagt, Sie hätten per Internet gebucht? – Oh, dann sind Sie hier falsch. Die Reise können Sie nur im Netz stornieren und umbuchen." All mein Flehen und Betteln bleibt vergeblich.

Unter dem Scheibenwischer meines Autos steckt ein Strafzettel. Deutsche Bahn, hörst du mein Fluchen? Auf der Rückfahrt fallen mir die Stornogebühren ein, die bei einer Umbuchung fällig sind, die ich jedoch, weil komplett unschuldig, nicht bereit bin zu zahlen. Ich freue mich, ein weiterer Anruf beim Kundenservice wird mir gegönnt.

Same procedure as last time. Ich schildere die bisherigen Ereignisse, bitte um Rat. Und der erfolgt sogleich. Ein freundlicher, scheinbar auch kompetenter Mitarbeiter rät mir, die Umbuchung via Internet zu vergessen. Die Angelegenheit könne nur in einem Servicecenter der DB geregelt werden. Nur mit allergrößter Mühe unterdrücke ich einen Zornesausbruch, ist der Mann doch meine letzte Hoffnung. Vielleicht konnte er mir ja vorhin nicht zuhören, weil seine Weichen auf Durchzug gestellt waren? Ich berichte erneut, kostenpflichtig, 12 Cent pro Minute. Jedoch er zeigt Konsequenz. Nein, er kann dies nicht regeln. Nein, ich trage selbstverständlich keine Schuld an dem Zugausfall. Und ja, ich muss dies dem Servicebeamten des nächsten Servicecenters nur deutlich machen. Der regelt dies dann ohne Probleme. Die Deutsche Bahn legt schließlich sehr viel Wert auf Service. Kann er mir noch irgendwie behilflich sein? Meine Antwort entspricht so gar nicht dem Knigge-Lehrbuch.

Mittlerweile bin ich zermürbt, drauf und dran, die Stornierungsgebühr zu zahlen, logge mich auf bahn.com ein, lese: „Sie wollen nicht benötigte Tickets zurückgeben? So geht's: … Stornierungen können Sie vor dem ersten Geltungstag bequem über die Buchungsrückschau (das Log-in-Feld finden Sie rechts) selbst vornehmen." Meine Freude währt nur kurz, denn das Log-in-Feld ist auch mit der besten Lupe nicht zu entdecken.

Den kommenden Vormittag bringe ich gezwungenermaßen erneut der Deutschen Bahn dar, in freudiger Erwartung weiterer Überraschungen. Und die sollen reichlich folgen!

Frau Angela S. lauscht geduldig meiner inzwischen Romanlänge erreichten Geschichte und überrascht mich schließlich mit der Aussage, sie könne hier leider nichts für mich tun, da ich im Internet gebucht habe. Nun liegt es an mir, sie zu überraschen. Meine Geduld ist erloschen und ich schreie sie wütend an, betone, diesen Ort nicht eher zu verlassen, bis meine Zugverbindung umgebucht worden ist. Oh ja, ich habe sie überrascht. Da sie sprachlos ist, frage ich nach dem Leiter der Dienststelle. „Ach, da müssen Sie nächste Woche wiederkommen. Herr Obermoser ist bis Montag im Urlaub."

Noch habe ich meinen Humor nicht ganz eingebüßt, verlange, mit Herrn Untermoser zu sprechen, was die Frau wiederum überrascht. Wer mich schließlich aber wirklich überrascht, ist der Stellvertreter. Er erbarmt sich meiner, lässt sich den Sachvorgang zum x-ten Mal von mir erklären und ich, inzwischen nervlich komplett am Ende, erzähle in Loriot-scher Manier:

„Ich habe mir online hier im Center-Service zwei Karten für den Zug nach Berlin gekauft, weil ich meinen Kindern in Bayern helfen muss. Der Zug fährt aber nicht wegen Saalfeld in Bauarbeiten. Die Frau am Telefon schickt mich hierher, die Frau gestern hier schickt mich ins Internet, der Telefon-Mann meint, ich muss das hier klären, die Frau da will mich wieder nach Hause schicken oder zu dem Herrn Obermontag am kommenden Moser. Niemand scheint mir helfen, mich verstehen zu wollen."

Ja, und nach genau diesem wirren Vortrag, versteht mich endlich jemand, geschieht das Wunder. Der Stellvertreter hat bestimmt nichts verstanden, aber meine Verzweiflung gespürt, berät sich mit Frau Angela, schlägt mir eine andere Zugverbindung vor und storniert die nicht mögliche. Da die neuen Tickets leider teurer ausfallen, lege ich das Geld für die Mehrkosten auf den Schalter im naiven Glauben, jetzt sei alles erledigt. Aber nein, eine einfache Verrechnung ist nicht möglich, bedauert der Mann und verlangt die volle Summe.

„Füllen Sie in Ruhe dieses Fahrgastrechte-Formular aus und bringen Sie es zusammen mit den stornierten Tickets sowie der Zugausfall-Bestätigung, die meine Kollegin Ihnen erstellt, wieder hierher oder schicken sie das Ganze an diese Adresse in Frankfurt. Der Betrag wird Ihrem angegebenen Konto gutgeschrieben. Ach ja, noch etwas. Da keiner der anzukreuzenden Punkte auf Sie zutrifft, erläutern Sie bitte den Grund Ihrer Stornierung auf einem Extrablatt. Alles ganz unkompliziert!"

Gehorsam fülle ich zu Hause das Formular aus, gerate aber wieder in Wallung. Warum reichen denen nicht die Originaltickets sowie meine Bankverbindung? Aber nein, da wird nach E-Mail Adresse, Anschrift, Telefonnummer und Geburtsdatum gefragt mit dem dezenten Hinweis, erforderlich für Marktforschung. Ich schreibe Servicecenter Fahrgastrechte auf das Briefkuvert, fluche bei so viel Zynismus und setze hinter Service und Fahrgastrechte je ein Fragezeichen.

Einen Tag vor meiner Abreise überprüfe ich erneut, ob die Deutsche Bahn gewillt ist, mich samt Koffer zu befördern. Ja, sie erweist mir die Gnade. Keine Änderung. Durch Zufall fällt mein Blick auf die ursprünglich gebuchte Fahrt via Saalfeld und – ich möchte schreien – das warnende rote Kreuz ist verschwunden, die Zugverbindung nicht mehr gestrichen, die Bauarbeiten wohl früher als geplant beendet. Wirklich erstaunlich! Etwas wird früher als geplant vollendet. In Deutschland?

Zwei Wochen später kehre i c h aus Berlin zurück, nicht aber die Rückerstattung durch die Bahn auf mein Konto. Auf meine Protest-Mail erhalte ich eine Antwort, die mich komplett verzweifeln lässt. Leider könne man die Angelegenheit nicht bearbeiten, da die benötigten Originaltickets fehlen. Man bittet um baldige Nachsendung dieser. Verdammt, ich habe sie hundertprozentig beigelegt. Nur mit allergrößter Mühe zügle ich meine Wut beim Anruf in Frankfurt, schildere den Sachverhalt, um zu hören, die Tickets liegen nicht vor. Man bedaure.

Und dann geschieht das zweite Wunder: Eine Woche später erhalte ich unverhofft den Erstattungsbetrag.

Der Kommentar meines betagten Vaters:

„Früher hat man sich von einem freundlichen Schalterbeamten beraten lassen und eine Karte gekauft. Die wurde dann gelocht. Das war's!"

(RW)

Ali Baba und die 40 Fragezeichen

Viel wird in letzter Zeit über Alibaba, den größten chinesischen Online-Händler geredet. Meine Neugier ist geweckt. Warum nicht einmal dessen Produktangebote anschauen? Sesam öffne dich! Irritiert bleibe ich schon auf der ersten Seite hängen, scheinbar die Seite mit den Sonderangeboten. Nein, einen gesunden Transformator benötige ich ebenso wenig wie einen Tabletten PC. Und das „wirkliche größte skelett technologische Sex-Spielzeug für den Menschen, für den Jungen" ist garantiert nichts für mich. Immerhin lerne ich dazu, denn der angegebene Farbton ist mir bisher unbekannt geblieben: Sexspielzeugfarbe.

Aber hier, das könnte etwas für mich sein: Gojibeeren-Marmelade, verpackt in der Trommel, für Kinder, Erwachsene und Alt-Gealterte. After reinigung, entfernen Pestizidrückstände, Auslaugung, Pre-desinfektion, Zerkleinern, Schleifen, Anti- oxidationsbehandlung, Sterilisation, aseptischen und einreichung. Alles klar! Wieder habe ich Neues gelernt: After reinigung der Beeren. Dass sie einen Po besitzen, nein, das habe ich nicht gewusst, bin aber dankbar für die Säuberung, bevor ich sie esse. Ich mache mir nur Sorgen um den Fortbestand der so gesunden Beeren, wenn sie alle sterilisiert werden. Wie beruhigend jedoch das Folgende: Liebe ist 105 milliarden goji Saft, die Erhaltung der natürlichen Ernährung in höchstzulässiges, das ist weit verbreitet wie Rohstoffe funktionelle Getränke.

Mein Blick wandert weiter zur „Anziehung". Da gibt es das 12 Zoll großformatige ausgekleidete Häkelarbeit-Ballettröckchentop oder den weiblichen um den Hals Pullover in Kurzarm. Auch das Sommer warmverschleiß aushöhlen Schulter sexy T-Shirt klingt verlockend, wohingegen Keilrahmen-Übergröße wohl ebenso wenig etwas für mich ist wie der fauxe Pelz. Und wer bitte wird wohl dieses biedere Kleid erwerben wollen, auch wenn der Text „Neue Damen offene Brust Designer Stück" etwas anderes verspricht?

Ja, hier, das könnte eine Hose für meinen Mann sein, denke ich angesichts eines Fotos, bezweifle dies jedoch schnell. Möchte er wirklich eine chino stoff Pluderhose der Art beiläufige Hosen im klassischen fünf-münzfach-Stil mit schlanke skinny schneiden Beschlag sowie Kunststoff Tasten?

Ich staune über die Vielfalt bei Alibaba. Hier werden auch Menschen fündig, die Haarverlängerungen suchen: Malaysia-Haar Menschenhaarjungfrau 100%, die volles Häutchen mit angemessenem Preis spinnt. Verlockend, oder?

Wer südamerikanisches Frauenhaar bevorzugt, für den gibt es „billige 100% 2013 Nagelhaut ausgerichtet Haar Jungfrau brazilian Zubehör, Form gerade oder Körperwelle", wobei Letzteres wohl kaum nötig sein wird, denn die eigenen Haare werden sich kringeln vor Lachen, wenn sie mit derartigen Produkten verschmolzen werden.

Was wird der Chinese wohl an Kosmetik bieten? Ich entdecke eine wasserdichte, heiße, erröten Augenschminken-Palette, aber auch Lipgloss mit Schutz-Obst-Geschmack und siebentägiger Abtastzeit, verpackt in einem Kunststoffrohr.

Auch Kinder werden hier bestimmt glücklich gemacht. Wie wäre es mit einem Augapfel-Spiel oder einem Baby Raketenwerfer? Für trinkfeste Kleine gibt es Barhocker, für den Kamikaze Nachwuchs das Kindbett mit Leitplanke und der junge Krieger kann sich über das outdoor Militärbett freuen.

Ich wandere weiter zur Gartenabteilung, entdecke eine schön anzusehende Gerätebox aus Holz mit den zierlichen Ausmaßen 70x62x1,53 cm, genannt Lagerhalle. Bei „Nichtfallen" kann ich mich an das Amt für Beschwerdung wenden. Was aber, wenn meine Beschwerdung vom selben Übersetzungsprogramm bearbeitet wird? Nein, ich verzichte besser. Soll der Schatz des Ali Baba doch in seiner Felsenhöhle bleiben! (RW)

Der Drache

Alibaba in dem Land
des Drachen
hat die Sachen
für den Internet-Versand.

Gut, dass da ein Bild,
denn die Beschreibung
ohne Übertreibung
ist vo-gel-wild.

Wort an Wörter reihend,
sinnlos speiend
freut's den Drachen.

Mensch bleibt fragend
Nägel nagend
letztlich nur das Lachen.
(GW)

„Drache, Regina Weber, 2016

Apps, die die Welt verändern

Ja, es gibt sie diese Apps, ohne die ein Leben undenkbar erscheint. Gut, ich habe auch früher gelebt, aber doch wohl kaum so intensiv und sinnvoll.

Was täte ich ohne Throwback, das mir erlaubt, ein gerade gemachtes Foto nicht jetzt, sondern in der Zukunft anschauen zu können. Ich muss lediglich den Monat in einem der kommenden fünf Jahre eingeben und darf es dann bestaunen. Herrlich! Ich freue mich schon heute!

Ob mein Handy sich aber über Throw me freuen wird, bleibt fraglich. Diese App ermöglicht mir Fotos aus bis zu 10 Metern Höhe. Ich schleudere es ohne Drehbewegung senkrecht in die Luft, wo es sich am höchsten Punkt ein Bild von mir macht, zumeist verschwommen, aber egal. Wenn es Glück hat, landet es sanft in meiner Hand, wenn nicht leider auf dem Friedhof.

Richtig froh macht mich Bubble Wrap, denn mit ihr verwandelt sich die Oberfläche in eine Luftpolsterfolie, deren Blasen durch leichten Druck zerplatzen. Nicht geräuschlos. Nein! Bei jeder erfolgreichen Aktion ertönt ein Glücksgefühle auslösendes „Plop", dessen Lautstärke sehr zum

Vergnügen der Umwelt nach oben hin regulierbar ist.

Eine wirklich wunderbare Erfindung mit eigenem Programm für Frauen und Männer ist das Uglymeter, sagt es mir doch ganz objektiv, wie hässlich ich momentan aussehe. Aber Vorsicht, Uglymeter. Solltest du mehrmals hintereinander unfreundlich zu mir sein, dann lösche ich dich.

I nap@work verspricht paradiesische Zustände im Büro. Ein kurzes Nickerchen machen, ohne dass der Chef es mitbekommt? Kein Problem! Diese App imitiert Tippgeräusche, Papierrascheln oder auch das Abheften von Dokumenten.

Auch in der Freizeit erfahre ich ungeahnte Hilfe. Wie oft habe ich mich schon über die anstrengende Verpflichtung zum Applaudieren in Theatern oder Konzerthallen geärgert. Iclap übernimmt dies für mich, wobei sich sogar der Grad meiner Begeisterung vorgeben lässt. Wählbar sind sechs unterschiedliche Arten von Klatschen. Einfach wunderbar! Nur schade, dass ich noch selbst zu den Veranstaltungen muss. Die Bedeutung der sicherlich wichtigen Funktion „Golf Clap" hat sich mir leider aber bis heute nicht erschlossen.

Ach, und mit der App Hanna, kann ich endlich ein Tamagotchi adoptieren, muss aber minütlich nach seinem Wohlergehen schauen, was Nahrung, Hygiene, Bespaßung angeht, sonst wird das Piktogramm unglücklich und verschwindet trotz all der zärtlichen Streicheleinheiten von der Oberfläche.

Übrigens werde ich mir auch die berühmte Lavalampe herunterladen und, falls meine Hände frieren, sie mit Pocket Heat erwärmen.

Nur auf eine App verzichte ich bestimmt: Ilickit. Nein, ich mag nicht über das Display lecken, um den Geschmack von italienischer Pasta, chinesischem Essen oder Marmelade nachzuempfinden. Das ist wohl etwas für Menschen, die eine Diät benötigen. Essen werde ich immer noch selbst!!!

(RW)

Holy App

Neulich mal im Vatikan
jemand auf solch Gedanken kam:
Kirche war schon immer Nepp.
Wir machen jetzt die Ablass-App.
Wenn ihr macht, was ihr nicht sollt,
genügt ein touch, dann fix gescrollt,
schon erscheint die lange List',
wo aufgeführt, was Sünde ist.
Lest es durch und kreuzet an,
was ihr gedacht oder getan.
Unten das Konto, jetzt das Geld.
„Absolvo te" bereit gestellt.
Fühlt euch gut, seid befreit
und zu neuer Tat bereit.

Hätte Luther das entdeckt,
hätt' den Server gleich gehackt,
denn Ablass ist nichts für Moral,
schon gleich gar nicht digital.
(GW)

Nachricht aus dem Jenseits

Marie steht am offenen Grab, blickt hinunter auf den Sarg, wirft das vor ein paar Stunden gepflückte Sträußchen mit Wiesenblumen und flüstert leise einen Abschiedsgruß. Sie ist ein bisschen blass im Gesicht, weint auch einige Tränchen, scheint jedoch als Einzige der großen Trauerschar gefasst zu sein. Ausgerechnet die kleine Siebenjährige, ausgerechnet sie, die ihren Opa abgöttisch geliebt hat, bewahrt Haltung, stimmt nicht in das allgemeine Schluchzen und Jammern mit ein. Ihre Eltern wollten sie ursprünglich zuhause lassen, um ihr die bittere Erfahrung dieses Begräbnisses zu ersparen. Marie aber wünschte unbedingt dabei sein zu dürfen. Sie muss doch sehen, wie das Wunder geschieht!

Drei Tage ist es her, da hatte sie ihn besucht. Er schlief und sie erschrak über sein bleiches Gesicht, über die Haut, zart wie Seidenpapier, über seinen röchelnden Atem. Wo war er, der lebenslustige, stets fröhliche, agile Großvater? Sie rüttelte ihn wach. „Du wirst doch wieder gesund, Opi!? Versprich mir das."
Er schüttelte den Kopf, nahm ihre Hand in seine

und Marie bekam erneut einen Schreck. Diese Hand, die doch immer so gut zupacken konnte, fühlte sich matt und leblos an, ebenso matt wie seine Stimme.

„Nein, liebes Kind, dieses Versprechen kann ich dir nicht geben. Da ist keine Kraft mehr zu kämpfen. Ich spüre, mein Ende ist nah."

Fassungslos sah sie ihn an, wollte die Bedeutung seiner Worte nicht verstehen. Ein Leben ohne ihn, undenkbar! „Aber ich brauche dich doch!"

„Meine kleine Marie. Sei nicht traurig. Weißt du, auf mich wartet eine viel wichtigere Aufgabe. Ich werde bald dein Schutzengel sein."

Auf ihren erstaunten Blick hin, suchte er zu erklären, ihr die Angst zu nehmen. „Nun, ich werde bald sterben, was aber nicht bedeutet, dass ich nicht mehr für dich da sein werde. Nein, du kannst mich lediglich nicht mehr sehen, nicht mehr mit mir sprechen. Ich möchte, dass du bei meinem Begräbnis dabei bist. Sei wachsam. Du wirst ein helles Licht aus dem Sarg aufsteigen sehen in Richtung Himmel. Das bin ich, dann frei von Schmerzen. Ich brauche nicht mehr arbeiten, habe viel Zeit. Siehst du die Wolke dort oben? Da werde ich sitzen und über dich wachen, aufpassen, dass dir nichts Böses geschieht."

„Ja, aber was ist, wenn der Himmel blau ist, ohne Wolke?"

„Dann sitze ich auf einem Sonnenstrahl. Keine

Sorge, mir wird es gut gehen. Du musst nicht traurig sein, mein liebes Kind."

„Und wenn ich dir etwas erzählen möchte?"

Opa dachte kurz nach: „Weißt du, was wir machen? Gib mir einfach mein Handy mit."

Marie strahlte vor Glück. „Oh ja, dann können wir uns immer unterhalten."

„Nein, das geht leider nicht. Wenn ich über dich wachen soll, habe ich keine Zeit zum Reden, kann dir auch keine SMS schreiben, weil ich mich voll auf meine Aufgabe konzentrieren muss. Das verstehst du doch, oder? Schreib du mir aber immer alles, was dich bewegt, damit ich Bescheid weiß, wie ich dir helfen kann. Ich werde dir nur antworten, wenn es mir schlecht geht. Falls du nichts von mir hörst, bin ich okay."

Marie wagt es kaum zu zwinkern, hält den Sarg fest im Auge, will nicht verpassen, wie ihr Opa auf die Wolke fliegt. Es ist ein herrlich warmer Tag. Und dann geschieht es. Das Sonnenlicht wird von den silbernen Griffen reflektiert, blitzt hell auf.

„Gute Reise, Opi. Schön, jetzt habe ich einen Schutzengel." Marie ist glücklich.

Während sich die Erwachsenen im Wohnzimmer versammeln, stellt sich das Mädchen in ihrem Zimmer an das Fenster, blickt zu einer kleinen Wolke empor und schreibt eine SMS: 'Liber Opa, get es dier gut? Kanst du mich seen?'

Sie wartet eine Weile. Keine Antwort. Marie atmet erleichtert auf, weiß, ihrem Opa geht es gut.

In den folgenden Jahren schickt sie ihm immer wieder Nachrichten, anfangs mehrmals täglich, dann weniger werdend, immer jedoch, wenn sie Probleme hat oder sich etwas sehnlichst wünscht. Und ihr Schutzengel ist fleißig, lässt die Wünsche in Erfüllung gehen, meistens in Erfüllung gehen. Manchmal jedoch muss sie mit ihm schimpfen, dann schreibt sie: „Lieber Opa, häute bin ich wütent auf dich, weil ich im deutschdicktat eine 4 bekomen hab. Pas besser auf mich auf!" oder „Opa! Ich hab dir geschriben, ich wünsche mier eine Kaze zum Geburztag, hab aber keine bekomen.", aber auch verständnisvoll: „Lieber Opi, häute bin ich traurik. Mein Mehrschweinchen ist gestorben. Hast du es zu dir gehohlt, damit du nicht meer so allein bist?"

Drei Jahre später, Marie ist inzwischen zehn Jahre alt, fast elf, also kein Kind mehr, wie sie betont, jedenfalls kein Kind, das an auf Wolken sitzende Opas glaubt, da passiert etwas Erstaunliches.
Ab und an hatte sie ihrem Opa immer noch eine SMS geschickt, nicht weil sie glaubte, er könne diese wirklich lesen, nein, mehr aus Gewohnheit. Außerdem tat es ihr richtig gut, sich Dinge, die ihr wichtig waren, von der Seele zu schreiben. Erst gestern hat sie ihm ihre Verliebtheit in Benny

geschildert, auch wie grenzenlos enttäuscht sie von ihm war.

Jetzt starrt sie fassungslos auf ihr Handy, ein neues Produkt, allerdings mit der alten Nummer, wird blass, denn auf dem Display steht diese Nachricht:

Liebe Marie. Es tut mir sehr leid, dass Benny aus deiner Klasse dich nicht beachtet, aber glaube mir, du hast einen besseren Freund verdient. Liebe Grüße von deinem Opa."

(RW)

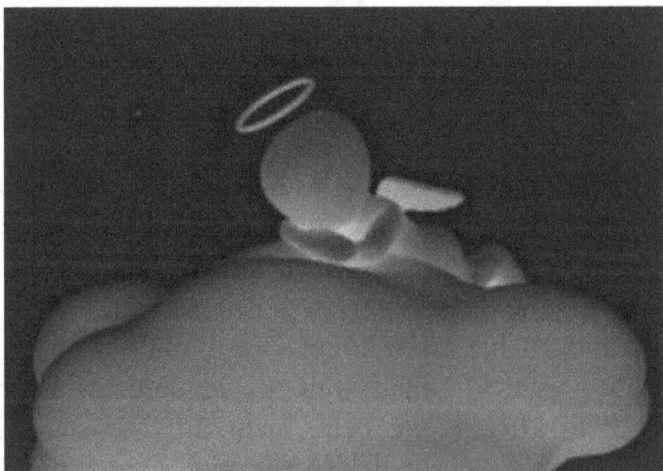

„Schutzengel", Regina Weber, 2015

Schwer ist's ein Engel zu sein

Gerade zur Weihnachtszeit fliegen sie uns überall als Leuchtmittel entgegen: die Engel. Niemand aber macht sich ernsthafte Gedanken, wie es ihren realen Schwestern und Brüdern ergeht. Nun, ich sag es euch: furchtbar, einfach furchtbar! Zwar kann ich nur vom 7. Himmel berichten, aber ich denke, in den anderen Sektionen wird es ähnlich zugehen. Allesamt leiden sie unter gewaltigen Schlafproblemen. Kein Wunder! Oder könntet ihr sanft schlummern, wenn nachts ständig ein Licht kreisförmig über euren Köpfen scheint, zudem ein Licht aus hartem Stahl, das beim Liegen entsetzlich drückt? Dieses schwere Schicksal haben alle Engel gemein, ansonsten könnte das Los dieser sphärischen Wesen unterschiedlicher kaum sein.
Oh, ich war Zeuge, habe sie gesehen, die Engel, die Schwerstarbeit leisten müssen, um unter Aufbietung all ihrer Kräfte die Wolken zu verschieben. Eure bisherige Vorstellung von der Entstehung des Regens könnt ihr getrost vergessen. Es ist allein der Schweiß dieser armen Kreaturen, der in Form von großen Tropfen auf eure Köpfe fällt. Anderen ergeht es besser, wie beispielsweise den Sängeln, die den lieben, langen Tag lediglich frohlocken und

Hallelujah zu singen haben. Zugegeben auch nicht einfach, stets gute Laune zu verbreiten und wohl auch etwas monoton, aber doch weit weniger anstrengend!

Kein himmlisches Vergnügen dürfte allerdings das Schicksal der Servicekräfte des Petrus sein. Was für ein garstiger Mann! Zu gerne wäre er doch eine Petra geworden. Sicher, er braucht keine Hosen tragen, aber die göttliche Kleiderordnung schreibt vor, dass seine Gewänder lang sein müssen, zu lang um seine schönen Beine zu zeigen. Auch der Job als Türsteher befriedigt ihn ganz und gar nicht. Und an wem lässt er seine fortwährend schlechte Laune aus? Natürlich an seinem Personal! Vor seinen Wutausbrüchen sicher ist lediglich sein stellvertretender Engel – auch ein Petrus muss ja zuweilen schlafen – , dessen Aufgabe darin besteht, die in einer langen Schlange vor seiner Tür Wartenden zu englischer Ordnung zu ermahnen.

Eine tragende Rolle besitzen die vielen Engel, die die stark bevölkerte Wolke 7 stützen müssen. Und wie werden sie gescholten, wenn wieder einmal durch ihre erlahmende Kraft, ein Liebender in die nüchterne Realität abstürzt!

Meine allergrößte Sympathie genießen jedoch die wirklich bedauernswerten Schutzengel. Sicherlich, sie arbeiten im Schichtbetrieb, aber, glaubt mir, viele leiden unter Burn-out, fühlen sich den hohen Erwartungen nicht mehr gewachsen. Wir Menschen sind schlicht und ergreifend viel zu unvorsichtig, zu unberechenbar, zu unvernünftig.

Darum mein Appell: Benehmen wir uns doch zumindest gelegentlich weniger menschlich und gönnen somit auch diesen Wesen ein Quäntchen an Erholung!

(RW)

Schlusspunkt

„Könnt ihr eigentlich erahnen, wie unsäglich schwer mein Schicksal ist? Immer komme ich als Letzter, ja, bin ich denn das Letzte? Völlig lieblos werde ich eingesetzt, da, wo man mich braucht. Hat sich jemals ein Mensch gefragt, ob es mir recht ist oder wie ich mich dabei fühle? Niemand, wirklich niemand, erweist meiner Bedeutung Achtung. Außerdem, bedenkt meine traurige und so negative Funktion, die mich zwingt, stets zu trennen, alles Verbindende zu zerstören. Da faselt man von Demokratie, Gleichberechtigung. Leeres Geschwätz! Mein Platz in der Gesellschaft bleibt ewig hinten. Ach, wäre ich doch nur ein Komma geworden!"

„Na, nun mach mal einen Punkt, Punkt." Das Ausrufezeichen schüttelt missbilligend den senkrechten Strich. „Ich stehe doch auch in der Hierarchie der Sprache immer an letzter Stelle."

„Nein", protestiert das Fragezeichen, „du brauchst dich wirklich nicht zu beschweren, Ausrufezeichen. Du verleihst schließlich allem Gesagten Nachdruck, du befiehlst und bestimmst. Ich dagegen stelle alles infrage, was zuvor gesagt wurde, muss die totale Ahnungslosigkeit, ja Dummheit mimen. Ich könnte

laut heulen, beim bloßen Gedanken daran."
Der Punkt grübelt und verkündet schließlich: „Gut, im nächsten Leben werden wir besser Gedankenstriche, allein schon weil man denen das Denken zutraut."
(RW)

204

RW:
Was ich zum Schluss noch gern hätt,
wär von dir ein schön Sonett.

GW:
Ein Sonett soll ich dir schreiben.
Und bevor ich noch die Muse rief,
Dacht ich bei mir, dass doch fiktiv
Dann Lieb und Dame bleiben.

Schon Petrarca und Ronsard,
Du Bellay und noch ganz viele
Dichteten nur mit dem Ziele,
Dass die Geliebte Traum nur war.

Dann kam aber Baudelaire.
Fiktiv ist da gar nichts mehr.
Alltag ist das Thema vom Sonett!

Und so kann ich es doch wagen,
Meine Lieb dir vorzutragen,
So real wie ich's gern hätt.

Impressum

© 2016 Chat Noir, Böhm/Schoon/Böhm GbR, Berlin
1. Auflage 2016

Lektorat, Layout, Umschlaggestaltung: Nina Böhm
Umschlagfoto: © Regina Weber, 2015

Ein Titeldatensatz für diese Publikation ist bei der Deutschen Nationalbibliothek erhältlich.

ISBN: 978-3-943956-06-1

www.ingramcontent.com/pod-product-compliance
Lightning Source LLC
Chambersburg PA
CBHW060155070426
42447CB00033B/1422